생각정리의 기술

Organisez vos idées... avec le Mind Mapping
by Jean-Luc DELADRIERE, Frédéric LE BIHAN,
Pierre MONGIN & Denis REBAUD ⓒ Dunod, Paris 2004.
Korean translation copyright ⓒ Jihyung Publishing Co., 2006.
All rights reserved. This Korean edition is published by arrangement with the Editions Dunod through BookLien Agency.

이 책의 한국어 판권은 북리엔 에이전시를 통하여 Editions Dunod와 독점 계약한 도서출판 지형에 있습니다. 저작권법에 의해 한국 내에서 독점적인 권리를 갖는 저작물이므로 무단전재와 무단복제를 금합니다.

생각정리의 기술

초판 1쇄 발행 2007년 3월 20일
초판 42쇄 발행 2008년 11월 10일

지은이 | 드니 르보, 장 뤽 들라드리에르, 프레데릭 르 비앙, 피에르 몽젱
옮긴이 | 김도연
펴낸이 | 여승구
펴낸곳 | 지형

주소 | 서울시 마포구 합정동 385-1 2F (121-885)
전화 | 02-333-3953
전송 | 02-333-3954
이메일 | jhpub@naver.com
출판등록 | 2003년 3월 4일 제13-811호

ISBN 978-89-957370-6-4 (03320)

값은 뒤표지에 있습니다.
잘못된 책은 바꾸어 드립니다.

생각정리의 기술

한 장으로 끝내는 천재들의 사고법, 마인드맵!

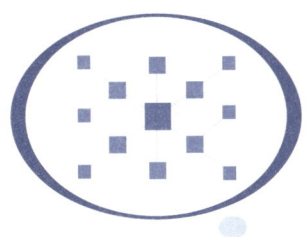

드니 르보 외 지음 | 김도연 옮김

MINDMAP

지형

감수의 글

 혼히 우리는 아이디어를 기록할 때, 하나의 생각에서 다음 생각으로 넘어가는 직선적인 방식을 사용하곤 한다. 그런데 이런 기록방식은 전체 구조를 읽고 생각들 사이의 연관관계를 파악하는 데 비효율적이다. 왜냐하면 우리의 사고는 이렇게 직선적인 방식으로 이루어지지 않기 때문이다.

 역사상 가장 위대한 천재이자 화가, 과학자, 발명가, 건축가로서 놀라운 업적을 남긴 레오나르도 다 빈치는 자신의 아이디어를 단순히 글로 써내려가는 방식이 아니라 이미지와 단어를 사용하여 자유롭게 펼쳐나가는 입체적인 방식으로 기록하였다. 다 빈치뿐만 아니라 아인슈타인, 피카소, 에디슨 등도 이런 독창적이고 효과적인 사고법을 활용하여 뛰어난 업적을 이루어냈다. 이렇게 생각을 시각적으로 표현하면, 우리의 두뇌가 무작위로 입력된 정보를 더 쉽게 조직화하기 때문에 생각을 체계적으로 정리할 수 있고 기억력이 좋아진다. 또한 주제의 전체적인 구조를 한눈에 파악하면서 폭넓게 사고할 수 있기 때문에 놀라운 창의력이 발휘된다.

생각을 효과적으로 정리하고 창의적인 결론을 얻어내는 기술은 몇몇 천재들에게만 필요한 것이 아니다. 빠른 정보처리 능력과 창의적인 문제해결 능력을 요구하는 무한경쟁 시대에 발맞춰가기 위해서는 모든 사람들에게 효과적인 생각 정리의 기술이 반드시 필요하다.

갖가지 정보들로 가득 찬 생각을 효과적으로 정리하고 체계화하는 것은 사실 인류의 오랜 숙원이었다. 종이가 없던 시절, 고대 그리스 로마 시대에는 사람들에게 자신의 생각을 전달하는 방식으로 대중연설이 널리 행해졌다. 그러다 보니 광장의 사물과 기둥을 이용해 정보를 저장하는 기억술이 이용되었는데, 이것이 바로 오늘날의 기억법의 시초이다. 아리스토텔레스는 '범주'라는 개념과 동물 분류법을 만들어냄으로써 생각을 정리하고 체계화하려는 사상가들에게 최초로 합리적인 기준을 제시하였다. 그 후 20세기에 이르러 등장한 인지심리학, 두뇌과학, 신경의학과 인공지능 연구 등은, 현대적인 체계의 새로운 생각 정리 기술의 출현을 요구하기에 이르렀다.

영국의 교육심리학자이자 멘사 회원인 토니 부잔은 다 빈치의 메모에서 영감을 얻어 마인드맵을 개발하였다. 마인드맵은 기호, 그림, 색상 등을 활용하여 유기적으로 연결되는 여러 가지 생각들을 방사형으로 펼쳐나가는 **가장 효과적이고 창의적인 사고법**이며, 생각을 체계화하고 기억력과 이해력을 증진시키는 **혁신적인 메모의 기술**이다. 다시 말해서 '인간의 두뇌를 가장 효과적으로 사용할 수 있는 최고의 설명서'가 바로 마인드맵이다.

　토니 부잔이 마인드맵을 개발함으로써 비로소 인류의 오랜 숙원이 풀리게 되었고 베일에 가려졌던 천재들의 사고법이 세상에 널리 알려지게 되었다. 그리하여 종이 한 장, 연필 한 자루만 있으면 마인드맵을 활용하여 누구나 쉽고 간단하게 복잡한 생각을 정리하고 골치 아픈 문제를 해결할 수 있게 되었다.

　마인드맵 이전에도 정보를 피라미드식으로 조직화하거나 도식화해서 정리하는 다양한 기법들이 존재해왔다. 최근 서점의 실용서적 코너에서 인기를 끌고 있는 전략적 사고법, 메모기법, 논리적 사고기술법에 관한 책들이 모두 이러한 류에 속한다.

　마인드맵은 이런 여러 방법들을 아우르고 있으면서도 두뇌의 가장 강력한 능력인 방사사고와 이미지 사용 방법을 활용한다는 점에서 이런 방식들보다 우수하다. 레오나르도 다 빈치, 피카소, 에디슨 같은 천재들이 사용했던 방사사고와 이미지의 활용법을 체계화한, 가장 효과적인 방법이 바로 마인드맵인 것이다.

　그동안 여러 분야에서 입증되었듯이, 정보를 분석하고 정리하는 데 있어서 마인드맵은 타의 추종을 불허한다. 특히 그 중에서도 비즈니스 분야에서는 개인이나 기업체의 업무효율을 높여주는 도구로서 탁월한 능력을 발휘한다. 구체적인 활용 분야로는 의사결정, 회의, 프로젝트, 업무 계획, 프레젠테이션, 문제 해결, 사원 교육, 경영 기법 등을 들 수 있는데, 오늘날 비즈니스의 핵심적인 분야에는 모두 마인드맵을 활용할 수 있다.

　이 책은 마인드맵을 실무에 활용하는 방법을 교육하는 네 명의 저자가 쓴 것이다. 덕분에 프랑스 유수의 기업들이 마인드맵을 활용하여 성공한 사례가 제시되어 구체적이고 알기 쉽다. 특히 비즈니스 분야에서 활용할 수 있는 사례들이 풍부하게 담겨 있어, 지금까지 국내에 소개된 마인드맵 서적에 아쉬움을 느껴왔던 비즈니스맨이나 직장인들까지도 충분히 만족할 만큼 훌륭한 마인드맵 가이드북이다. 많은 사람들이 이 책을 활용하여 업무에서 뛰어난 성과를 올리고, 자신의 잠재능력을 발견하는 기쁨을 누리기 바란다.

두뇌 성장 과정을 여러 단계로 나누어 볼 때, 이미 최소한의 정보 조직화 능력을 갖춘 성인들은 컴퓨터 소프트웨어를 활용하여 마인드맵을 그리는 것이 여러 면에서 유용하다. 하지만 아직 이런 능력이 완전히 갖춰지지 않은 어린이나 청소년들은 마인드맵의 기초를 충분히 다진 후에 소프트웨어를 활용해야 한다. 처음부터 소프트웨어로 마인드맵을 시작해서는 안 된다.

이 책을 감수하면서 원문에서 샘플로 제시되었던 몇몇 맵핑들은 우리나라 독자들에게 적합하지 않은 것으로 판단하여 국내 사례들로 대체하였다. 책의 내용과 마인드맵 강좌에 관한 문의는 감수자가 마인드맵 정보 공유를 위해 운영하고 있는 마인드맵연구회 홈페이지 www.mindmapcafe.com으로 하기 바란다.

권봉중 (한국마인드맵연구회 회장)

"마인드맵은 21세기에 어울리는 훌륭한 분석과 통합의 도구이자, 무한한 창의력과 자발성을 이끌어내는 가장 효과적인 사고법이다. 모든 비즈니스맨들에게 추천할 만한 멋진 책이다."

— 뤽 드 브라방데르(보스턴 컨설팅 그룹 부회장)

들어가기에 앞서

> 들으면, 잊는다.
> 보면, 기억한다.
> 행동하면, 이해한다.
> —공자(기원전 551~492년)

    마인드맵은 우리의 일상을 바꿀 수 있다. 다용도로 쓰이는 이 도구는 아주 쉽고 간단하면서도 어느 작업에 활용하든지 작업 시간을 확연히 줄여주며 그 효과도 즉각적으로 나타난다.
    마인드맵은 특별한 도구를 요구하지 않는다. 종이 한 장, 볼펜 한 자루, 사인펜 몇 자루 그리고 이 세상에서 그 무엇과도 비길 데 없는 가장 강력한 기술을 소유한 두뇌만 있으면 충분하다.
    마인드맵을 배우는 것은 생각 외로 매우 간단하다. 반면에 이 기법을 사용하면 평상시 거의 쓰지 않던 두뇌의 기능들을 맘껏 활용하며 일하는 기쁨을 얻을 수 있다.
    마인드맵은 이미 알고 있는 것을 포기하고 새로 시작해야 함을 뜻하지 않는다. 오히려 지금까지 습득한 지식들을 최상의 상태로 만들고 더 효율적으로 사용하려는 데 그 목적이 있다.

우리가 살고 있는 환경은 복잡하고 변화무쌍하다. 그렇지만 오늘 우리가 사용하고 있는 도구들과 어제의 도구들은 전혀 다른 것일까? 기껏해야 오늘의 도구들이 약간 더 나은 정도일 것이다.

마인드맵은 시각을 통해 정보를 제시하는 새로운 도구이다. 와튼 비즈니스 스쿨(로버트 윌리엄 루카스, 《플립차트에 대한 모든 것 The Big Book of Flip Charts》, 맥 그로우 힐 트레이드 출판사, 1999)이 시행한 연구들은 시각매체를 사용할 때 다음과 같은 효과가 나타난다는 것을 보여준다.

- 미팅 시간을 24% 줄여준다.
- 참석자의 64%가 더 빨리 결정을 내리게 되었다.
- 시각 매체를 사용하지 않았을 때는 58%만이 발표 내용을 설득력 있다고 생각한 반면, 시각 매체를 활용했을 때는 67%가 그렇다고 생각했다.

이 모든 것을 떠나서, 마인드맵이란 도구는 다른 방식으로 사고하고 행동하게 해주며, 여유 있고 효율적이며 행복한 경영을 할 수 있도록 도와준다.

이 책은 독자 여러분을 위한 것이다. 여기에 나오는 내용들은 일상에서 흔히 체험하는 행동들을 다루고 있으며 굳이 순서대로 읽지 않아도 좋다. 하지만 머리말과 1장을 먼저 읽으면 마인드맵의 개념을 익히는 데 도움이 될 것이다.

희망컨대 우리가 글을 쓰고 마인드맵을 그리며 느꼈던 감정들을 여러분 또한 이 책을 읽으면서 똑같이 경험했으면 한다. 비밀을 나눌 때 느끼는 은밀한 기쁨과 즐거움, 흡족함을.

여기서 잠깐! 이 책의 각 장에서 소개하는 다양한 마인드맵을 참고삼아 직접 취향에 따라 만들어 색칠하고, 그림을 그려 보충해볼 것을 제안한다. 우리는 독자들이 직접 해볼 수 있도록 책에 삽입한 마인드맵들의 중심이미지 부분을 여백으로 남겨놓았다. 이렇게 하면 마인드맵의 내용을 익히고, 실행하는 데 큰 도움이 될 것이다.

CONTENTS

감수의 글 | 4
들어가기에 앞서 | 9

머리말 | 16

마인드맵이란 무엇인가? | 17
마인드맵은 왜 효과적인가? | 18
마인드맵의 기원은? | 19
어디에 사용하는가? | 20
마인드맵에서 얻을 수 있는 이점은? | 22
마인드맵을 사용할 때 장애물은? | 22
종합마인드맵 | 25

 마인드맵 만들기 | 27

마인드맵의 규칙 | 29
마인드맵의 작성 | 39
종합마인드맵 | 44

Chapter 2 목표 정하고 달성하기 | 45

왜 목표를 정해야 하나? | 48
그럼 나의 자유는?! | 49
왜 나는 골머리를 썩으면서도 삶이 흘러가는 대로 놔두지 않는 걸까? | 50
그런데 어디서부터 시작하지? | 51
목표를 정한 후에도 여전히 책만 들여다보고 있어야 할까? | 51
"내게 문제는, 시간이 없다는 거야……." | 52
회사에서 목표는 왜 불확실하게 수립되는가? | 53
우뇌의 중요성 | 54
효과적인 목표 설정 | 55
전략적 도구 '마인드맵' | 58
마인드맵에 부가된 가치 | 65
여러 가지 방법들 | 67

Chapter 3 올바른 의사결정 내리기 | 69

의사결정은 어렵다 | 71
어떻게 의사결정을 내릴 것인가? | 72
결정은 신중하게 | 73
선택할 수 있는 몇 가지 기법들 | 74
의사결정을 도와주는 도구, 마인드맵 | 76
마인드맵에 부가된 가치 | 84
종합마인드맵 | 86

Chapter 4 일상생활에서의 마인드맵 | 87

자신의 상태를 확인하라 | 89
무엇을 해야 하나? | 90
우리가 진정으로 하고자 하는 것들 | 92
일상생활 관리를 위한 도구로서의 마인드맵 | 92
마인드맵에 부가된 가치 | 99
종합마인드맵 | 101

Chapter 5 혁신적인 메모의 기술 | 103

메모의 중요성 | 105
전통적 메모법의 한계 | 107
마인드맵 방식으로 접근하라 | 108
메모 도구로서의 마인드맵 | 109
텍스트 읽기에 적용된 실제 예 | 115
센스 만점 아이디어 | 119
마인드맵에 부가된 가치 | 120
종합마인드맵 | 121

Chapter 6 효과적인 회의진행 | 123

회의에 따르는 장애 요소 | 126
습관적 대응 | 129
회의 주재 도구로서의 마인드맵 | 130
실제 적용 사례 | 145
종합마인드맵 | 148

Chapter 7 프로젝트 진행하기 | 149

프로젝트란 무엇인가? | 152
눈에 띄는 장애물로는 무엇이 있는가? | 153
제대로 기능하지 못하는 이유들은 무엇인가? | 155
프로젝트 진행 도구로 쓰이는 마인드맵 | 157
실제 적용 사례 | 177
마인드맵에 부가된 가치 | 179
요약 | 189
종합마인드맵 | 191

컴퓨터로 마인드맵 완성하기 | 193

다양한 소프트웨어 프로그램 | 196
적용 도구 맛보기 | 201
센스 만점 아이디어 | 202
실제 적용 사례 | 202
종합마인드맵 | 209

후기 | 210
부록 : 마인드맵 사례 | 211

머리말

| 머리말 구성 미리보기 |

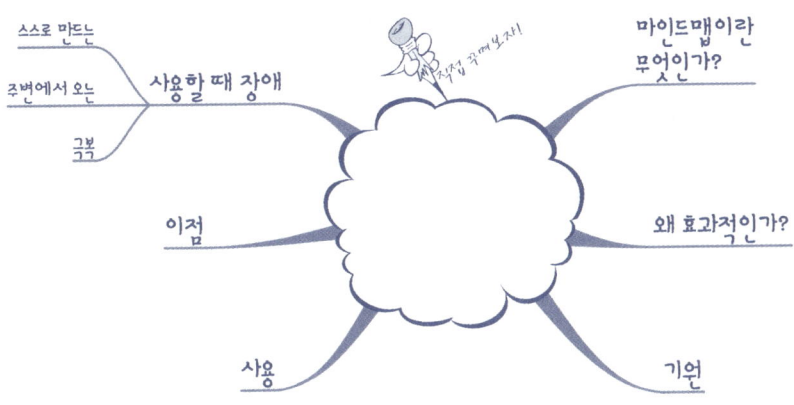

마인드맵이란 무엇인가?

다양한 가치를 지니고 있는 이 도구를 단 몇 마디로 정의하기는 어렵다. 그러므로 일반적인 정의를 먼저 내리도록 하자.

마인드맵이란 나뭇가지 모양을 이용해 데이터들의 상하 관계를 자신이 정하는 기준에 따라 임시 분류하는 것이다. 이렇게 하면 데이터에서 정보를 추출해 구조화하는 게 가능하다.

마인드맵은 정보를 시각화하는

도구에 속하므로 전체적인 시각을 유지하는 동시에 세부 사항에 집중할 수 있게 해준다. 그래서 마인드맵을 활용하면 아무리 복잡한 상황도 그때그때 바로 이해하게 된다.

마인드맵은 매우 효과적인 도구지만 정작 필요한 것은 종이 한 장과 연필 한 자루뿐이다. 혹은 우리가 8장에서 보게 될 것처럼, 마인드맵을 위한 다양한 컴퓨터 소프트웨어를 이용할 수도 있다.

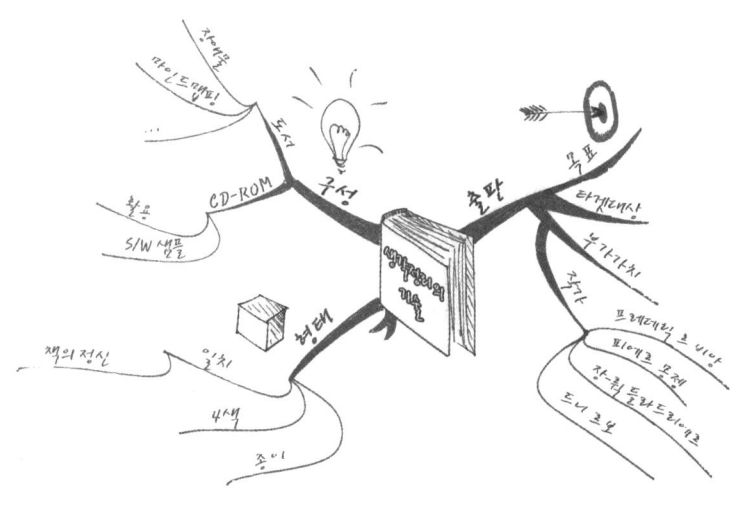

마인드맵은 왜 효과적인가?

마인드맵은 정형화된 교육 때문에 오랫동안 홀대받았던 능력들을 활용하도록 해준다. 새로운 문제들을 해결하고, 복잡한 상황을 이해하는 데 우리는 이 타고난 능력들을 간과하는 경우가 아주 많다.

주로 우뇌의 기능에 속하는 이 능력들은 상상력, 창의력, 전체적인 비전, 유추 능력, 정보의 공간화 등이다.

그러나 마인드맵이 위의 능력들만 이용한다고는 할 수 없다. 마인드맵에서는 언어와 질서, 논리, 합리성 등도 중요하다. 그리고 이것은 모두 '좌뇌'가 담당하는 기능들이다. 마인드맵은 좌뇌와 우뇌를 동시에 사용하여 완벽한 시너지 효과를 내는 흔치 않은 도구인 것이다.

마인드맵은 이렇게 양쪽 뇌를 모두 사용하므로 조화롭게 균형 잡힌 시각으로 세상을 바라보게 해준다. 그래서 마인드맵을 사용하는 사람은 일상을 새롭게 발견하는 기쁨 또한 맛볼 수 있다.

마인드맵의 기원은?

그림으로 표현된 정보는 글로 작성된 정보보다 훨씬 빨리 지식과 감정을 전달해준다.

그러나 생각을 표현하기 위해 우리가 주로 이용하는 방법은 글자들을 연속적으로 나열해놓은 텍스트가 대부분이다. 반면 "공간적이고 비나열적인 이미지는 기껏해야 삽

화에 쓰이거나 설명을 보충하기 위해 텍스트나 책의 장식적인 형태로 쓰일 뿐이다."(다니엘 뒤랑,《시스템공학$^{La\ systemique}$》, 프랑스 대학 출판부, 1979)

그럼에도 불구하고 의학처럼 매우 복잡한 분야에서는 여전히 그림을 통해 표현하는 것이 필수적이다. 정확하게 환자의 상태를 이해하고 신중한 처방을 내리기 위해서는 전체적인 시각을 가지고, 지식을 다방면으로 습득하는 것이 필요하기 때문이다. 레오나르도 다 빈치와 아인슈타인처럼 다재다능한 창조적 위인들은 그들의 지식을 공리화하고 새로운 지식을 발견하기 위해 정보를 시각화하는 방법을 적극 활용했다.

1970년대 토니 부잔$^{Tony\ Buzan}$은 혁신적인 메모 기술을 개발하고 정보를 시각화하여 지도처럼 정리하는 마인드맵 방법을 만들어 대중화시켰다. 이후 마인드맵은 인지과학, 지도 제작, 인류학 등 다양한 분야를 바탕으로 끊임없이 발전하고 있다.

어디에 사용하는가?

자신의 능력을 최대한으로 활용하고자 하는 이에게 마인드맵은 아주 유익한 도구가 될 것이다.

마인드맵을 언제, 어디서, 무엇을 위해 사용할지는 사용자 각자가 정할 몫이다. 하지만 먼저 사용한 자로서 조금 언급하자면, 우선 일상적인 활동(회의나 인터뷰 준비, 강의 리포트 쓰기, 문제 해결, 활동 계획 구상 등)에서부터 마인드맵을 적용해나가는 것이 이 도구를 익히는 데 큰 도움이 될 것이다. 그런 후에 마인드맵의 이용 범위를 넓혀가도 충분하다.

예를 들어보자. 회의 진행 중에 메모를 하는 일은 주의 깊게 듣는 것을 방해할 수 있다는 점에서 어느 정도의 기술이 필요한 일이다. 그러나 일단 그 기술만 익히면 마인드맵은 어느 한 부분도 놓치지 않으면서 적극적으로 듣고, 적절한 질문을 던지며, 효율적으로 문제를 재구성하는 데 큰 도움을 줄 것이다.

이 책에는 기업에서 일상적으로 마인드맵을 이용할 수 있는 몇 가지 예도 제시되어 있다.

마인드맵에서 얻을 수 있는 이점은?

사람들이 즐겨 사용하는 다른 도구들도 어느 정도 장점은 있겠지만, 특히 마인드맵에서는 실용적인 측면을 넘어 다음과 같은 이점을 얻을 수 있다.

- 커지는 자신감
- 사고의 자율성(스스로 생각한다는 점에서)
- 기억력의 향상
- 학습에 대한 열정
- 복잡한 상황에서 침착한 대처
- 새로운 자원을 활용하는 기쁨
- 시간을 효율적으로 이용하는 데서 오는 만족감
- 논리 정연한 주장 전개
- 자신의 지식을 제대로 활용하고 있다는 느낌

마인드맵을 사용할 때 장애물은?

마인드맵을 이용할 때 우리는 두 가지 장애물을 만날 수 있다. 하나는 스스로 만드는 장애물이고, 나머지 하나는 우리의 주변으로부터 생기는 장애물이다.

스스로 만드는 장애물

- 정보 표현 방법을 바꾸는 데 대한 거부감
- 많은 돈이 들지도 않고, 첨단 정보 기술도 필요 없는 초간단 도구에 대한 뿌리 깊은 불신감
- 괴짜라고 낙인찍힐지도 모른다는 불안감
- 이미지나 기호로 정보를 표현할 수 있는 자신의 타고난 능력에 대한 과소평가
- 즐기는 것과 효과적으로 일하는 것은 결코 양립할 수 없다는 고정관념

우리 주변으로부터 생기는 장애물

- 그림을 그리고 색칠하고 때때로 유머를 이용하는 것에 대해 빈정거리는 태도
- 다수가 쓰는 방법이 아니라는 점에 대한 두려움
- 다른 도구들처럼 마인드맵도 곧 사라질 유행에 지나지 않을 것이라는 생각
- 우리가 알지 못하고, 가지고 있지 않은 것에 대한 자동 반사적 비판

물론 이 중 어느 것에도 해당되지 않거나, 단지 몇 가지 경우만 만날 수도 있다. 하지만 경험적으로 볼 때 가장 보편적으로 관찰되는 장애물들은 위와 같은 것들이다.

어떻게 장애물을 뛰어넘을 것인가?

처음 마인드맵을 시작한 사람들은 하나의 목표를 설정하고, 오직 그것만을 달성하는 데에 신경을 쓰는 것이 좋다.

스스로 만드는 장애물을 극복하기 위해, 우리는 마인드맵을 사용함으로써 얻을 수 있는 이점들을 시각화한 후, 그 이점들을 증명해 보이겠다. 이를 통해 마인드맵이 우리가 처한 상황을 성공적으로 타개해 나가도록 해준다는 것을 알게 되면, 다른 일에도 마인드맵을 적용할 용기를 얻을 것이다. 기적이란 없다. 꾸준하고 성실하게 연습한다면 빠른 시일 내에 마인드맵을 사용하는 데에 익숙해질 것이다. 하고자 하는 열의만 있다면, 방법은 나오게 마련이다.

　주변에서 비롯되는 장애물을 극복하기 위해, 우선 마인드맵을 통해 효과적인 결과를 거두기 전까지는 주위에 비밀로 하기를 권한다. 주변 사람들은 곧 새로운 성과에 대한 비결을 알고 싶어 할 것이다. 그들이 그 비결을 물어볼 때 담담히 알려주는 것으로 충분하다. 그들이 마인드맵을 받아들일지, 거부할 것인지는 우리의 이미지나 신용에 달려 있다. 앞으로 할 일을 장황하게 설명하기 이전에, 제대로 된 결과부터 먼저 눈앞에 보여주자.

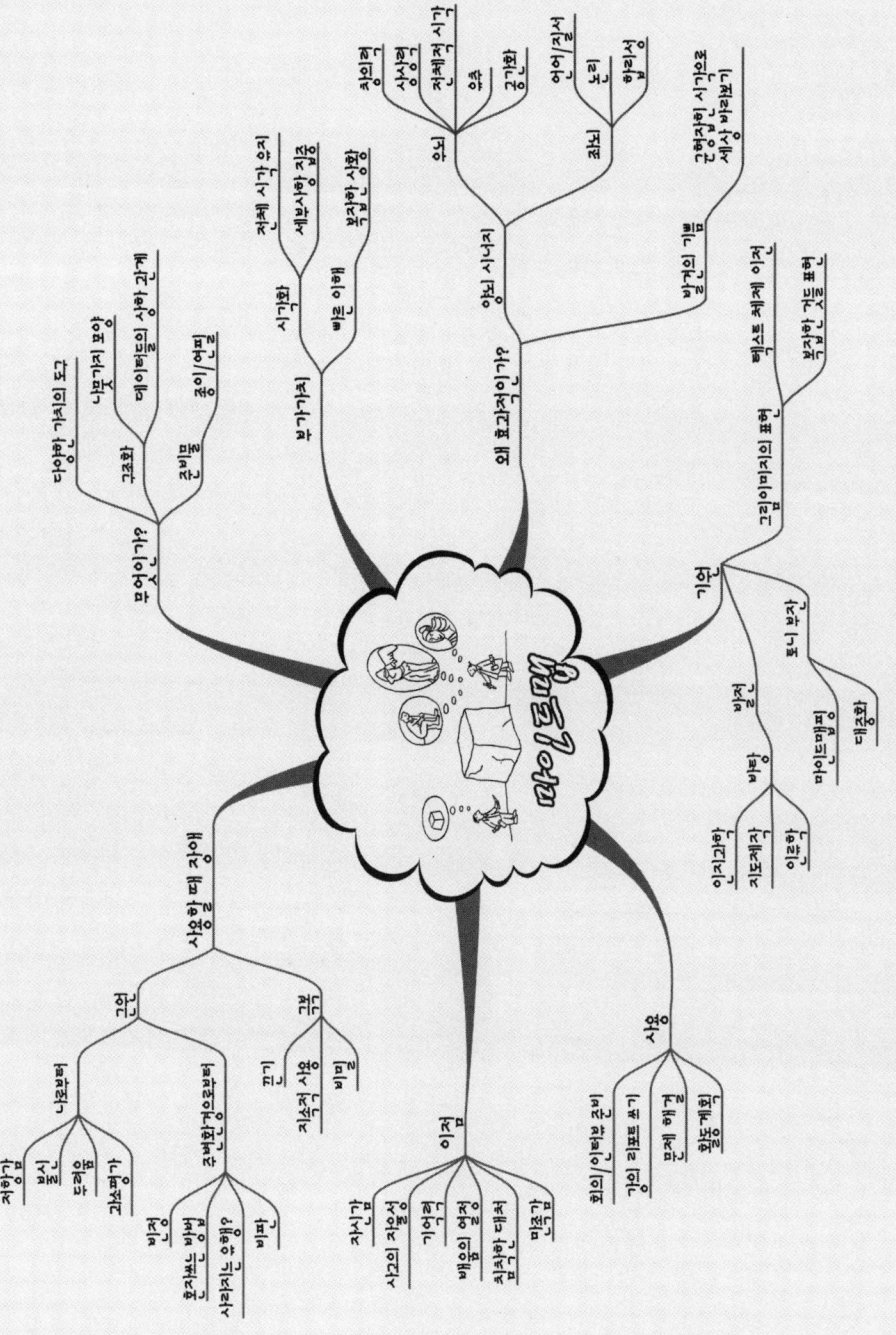

위의 마인드맵을 따라가면서, 지금까지 당신이 읽었던 내용을 되새겨보라.

마인드맵 만들기

조언으로 남들을 귀찮게 하지 말고,
모범을 보여서 가르쳐라.
— 몽테스키외(프랑스의 사상가, 1689~1755)

| 이 장의 구성 미리보기 |

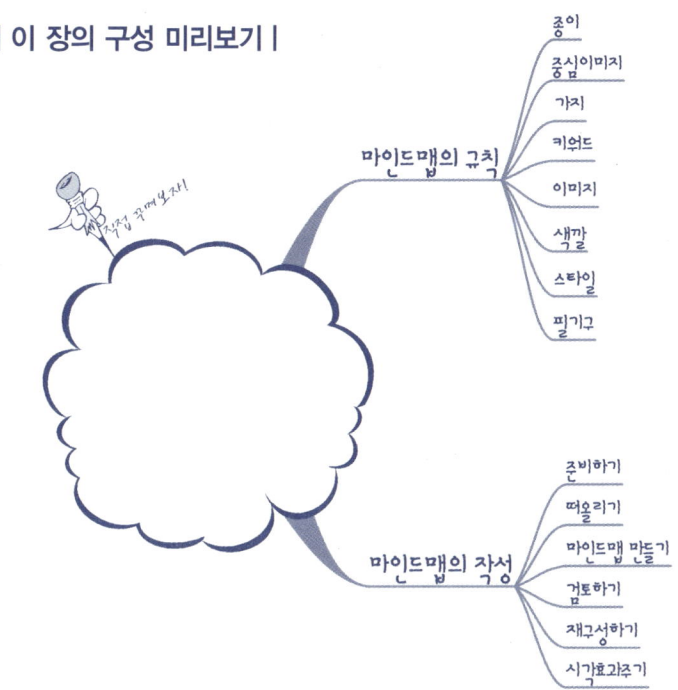

마인드맵의 규칙

마인드맵은 뇌의 구조를 그림에 비유해 표현한 것이라고들 말한다. 실제로 유기적인 나뭇가지 모양으로 그려지는 마인드맵은 뇌에서 정보를 전달하는 도로망에 위치한 뉴런(신경세포 _옮긴이)과 유사한 구조로 제시된다. 바로 이러한 점에서 생리적으로 합치한다고 볼 수 있다.

이러한 특징을 최대한 효율적으로 활용하기 위해서는 마인드맵을 작성할 때 적용하는 규칙들을 관찰해볼 필요가 있다.

우선 이 규칙들이 무엇인지 알아보고, 그것들을 실제로 해보자.

사용할 종이

가로보다 세로가 더 긴 텔레비전을 본 적이 있는가? 사실 있다 해도 이런 텔레비전은 별로 성공을 거두지 못할 것이다.

시야를 넓게 하기 위해서 우리는 파노라마 형태, 즉 옆으로 전개되는 방식으로 보는 것을 선택할 것이다. 왜냐하면 이것이 인체 구조상 더 편하기 때문이다. 실제로 우리의 두 눈은 위 아래로 달려 있는 것이 아니라 옆으로 나란히 달려 있지 않은가?

따라서 마인드맵을 실제로 만들 때에는

- 세로보다 가로가 더 긴 종이를 사용한다.
- 줄이나 네모 칸이 없는 백지를 사용한다. 인쇄되어 있는 종이는 시각을 제한하기 때문이다.

중심이미지

'핵심 이해 사항', '중심 주제', '주요 관심사' 등에 대해 들어봤을 것이다. 우리의 시각 체계, 특히 망막 또한 중심 시각과 주변 시각의 원리를 따른다. 이러한 체계 덕분에 우리는 주변 공간을 살피면서도 한 가지에 집중해 관찰할 수 있는 것이다.

마찬가지로 심리학에서 볼 때, 아이는 어머니를 세상의 중심으로 여긴다. 어머니는 아이에게 성장의 바탕인 것이다. 그리고 커가면서 아이는 점차 그 중심을 바꾼다. 마인드맵도 이와 비슷하다. 처음에 임의로 정해놓은 중심은 후에 바꿀 수 있다. 마인드맵 작성자가 처음에 마인드맵의 중심에 적은 내용은 목표를 위해 일시적으로 유용한 의미를 가진다. 그렇다고 그것이 별로 중요하지 않다는 말은 절대 아니다. 오히려 그 반대이다. 마인드맵의 중심은 바로 창의적인 연상 작용이 시작되는 곳이다. 굳이 멋진 걸 구상하려고 많은 시간을 들여 머리털 빠지게 고민할 필요는 없다. 그냥 단순하게 연료도 다 떨어진 상태에서, 어디로 갈지도 모른 채, 자동차를 가지고 떠난다고 생각하자.

마인드맵을 실제로 만들 때에는

- 주제를 종이의 가운데에 쓴다. 이렇게 하면, 다양한 생각이나 정보를 중심에 적은 주제와 360° 방향으로 연결할 수 있다.
- 중심에 오는 주제는 A4 용지를 기준으로 5cm×5cm 정도의 공간에 두며, 색깔은 적어도 3가지 색 이상을 사용한다.
- 주제는 정사각형이나 직사각형 안에 적지 않는다. 구름 모양처럼 정확하지 않은 형태가 훨씬 낫다.

가지(주가지, 부가지)

가지는 생각들의 흐름에 따라 만들어간다. 따라서 조형적으로 유연한 연결 구조를 만들어야 한다. 중심과 가까운 가지일수록 중요한 생각을 나타낸다. 이때 가지들은 시간적 순서보다는 전체적인 접근방법에 따라 그려나간다.

마인드맵을 실제로 만들 때

- 가지들은 자연에서 그 모습을 따왔기 때문에 실제 나뭇가지처럼 구부정하고 길쭉한 모양으로 자연스럽게 그리도록 한다.
- 각 가지들은 비슷한 길이로 그린다. 이렇게 그리면 각 가지에 달린 설명이 보다 더 명확하게 보인다.
- 공간을 적절히 두고 가지들을 시원하고 보기 좋게 배치한다.

여기서 잠깐! 앞으로 우리는 마인드맵의 중심이미지로부터 뻗어 나온 가지를 주가지, 그리고 이 가지에서 파생된 또 다른 가지들을 부가지, 세부가지라 부를 것이다. 여기서 각 가지의 구분은 중요도를 나타낸다.

키워드

언어학자들은 알파벳 글자를 지칭하기 위해 '문자소' 라는 용어를 사용한다. 사실, 단어란 이미지와 마찬가지로 정보를 전달하는 기호이다. 그러나 단어를 읽는 일은 분석적이고 구체적이며, 세부사항에 민감하게 반응하고, 규칙을 존중하는 좌뇌의 기능을 훨씬 더 많이 요구한다. 하지만 단어는 표현 방법에 따라 이미지로 그려질 수도 있다.

우리는 앞으로 '키워드'란 단어를 사용할 것이다. 왜냐하면 '키(열쇠)'는 한 단어나 이미지에서 또 다른 것으로 옮겨갈 때, 닫혀 있거나 막다른 공간에서 빠져나오게 해주는 역할을 하기 때문이다. 셜록 홈즈는 사물을 관찰함으로써 단서를 찾아냈고, 사건의 전후 관계를 추정해 범인에 대한 확신을 갖거나 적어도 그럴듯한 가설에 이르렀다. 마인드맵에서 사용하는 단어들은 셜록 홈즈가 활용했던 것처럼 정보를 드러내는 단서나 마찬가지이다.

마인드맵을 실제로 만들 때에는

- 유용한 정보를 떠올릴 수 있는 키워드를 선택한다.
- 마인드맵 가지 위에 단어를 적을 때는 한눈에 보아도 쉽고 빠르게 이해할 수 있도록 크고 정확하게 쓴다. 왜냐하면 마인드맵은 읽히기보다는 이미지처럼 파악되어야 하기 때문이다.
- 마인드맵의 각 가지 하나당 키워드, 즉 핵심단어 하나만을 주로 쓴다. 문장은 이미 결정된 사항처럼 보일 수 있다.

이미지

"백문이 불여일견이다." 이 말에 덧붙인다면, 이미지 하나가 수천 개의 단어를 떠올리게 할 수도 있다. 이미지는 감정, 상상력, 전체적 시각, 유추 등의 역할을 수행하는 우뇌에서 나온다. 이미지는 단시간에 우리가 다루어야 하는 문제의 핵심에 이르게 해주는 도구이다. 일상생활에서도 이미지는 자주 이용된다. 예를 들어 신문에는 복잡한 정치나 경제 상황을 쉽게 나타내주는 한 컷 그림이나 만화가 실려 있고, 공공장소에서는 핸드폰 사용을 금하는 내용을 그린 안내판 등을 볼 수 있다.

마인드맵의 이미지는 컴퓨터 바탕 화면의 아이콘과 비슷하다. 아이콘이 문서의 내용 자체를 담고 있지는 않지만, 우리는 그 아이콘을 클릭함으로써 문서의 내용을 열어볼 수 있다. 마인드맵의 이미지를 보는 것은 하드디스크인 우리 '뇌'에 들어 있는 문서의 내용을 열어보기 위해 클릭하는 것과 마찬가지이다.

마인드맵을 실제로 만들 때에는

- 단순하지만 눈에 띄는 이미지를 선택한다. 이때, 그림 실력은 중요하지 않다. 이미지는 그 이미지와 연결되는 정보를 떠올리게 하는 역할을 할 뿐이다.
- 이미지는 기억력과 같은 '개념'이나 하나의 '사물'을 나타낼 수도 있다. 문맥의 의미에 따라 적절한 이미지를 이용하면 된다. 예를 들어 반짝이는 아이디어는 불이 들어온 전구로 그릴 수 있다.
- 이미지를 좀 더 효과적으로 보여주기 위해 색깔이나 입체감을 나타내는 음영 효과 등을 사용한다.

색깔

색깔은 마인드맵의 한 부분을 일관성 있게 보여주는 동시에 어떤 특정한 정보를 눈에 확 띄게 만드는 역할도 한다. 색깔을 사용하면 정보들의 위계질서와 연관성을 더욱 확실하게 나타낼 수가 있으며, 가독성을 높여 필요한 정보를 수월하게 기억할 수 있다. 색깔은 또한 감각을 자극하기 때문에 마인드맵을 만들고 사용하는 동안 즐거움을 느끼게 한다.

마인드맵을 실제로 만들 때에는

- 주가지별로 각각 한 가지 색깔을 정한다.
- 정보의 성격별로 색깔을 정한다. 예를 들어 빨간색은 숫자 정보나 긴급한 정보를 표시하는 데 사용한다.
- 한 마인드맵에서 정한 각 색깔의 의미를 다른 마인드맵에서는 또 다른 의미로 바꾸어 사용할 수 있다.

스타일

각자 글 쓰는 스타일이 다르듯이 마인드맵 또한 그 스타일이 천차만별이다. 글자, 그림, 가지의 모양, 선택한 색깔, 사용하는 도구, 이 모든 것은 각자의 취향에 따라 여러 가지 스타일로 표현된다. 마인드맵이 효과적인지 알려면 자신이 만든 것을 바라볼 때 즐거운 기분이 드는지 판단해보면 된다.

마인드맵을 실제로 만들 때에는

- 정보를 잘 이해하기 위해 그 정보의 특징을 떠올려주는 감정(유머, 과장, 놀람 등)이나 태도를 이용한다.
- 반복해서 사용할 수 있는 자기 스타일만의 이미지들을 만들어낸다.
- 다른 사람이 만든 마인드맵을 보면서 이것저것 자신에게 필요한 것을 따올 수 있다.
- 자연(나무, 꽃, 강, 눈의 결정체 등)과 인공물(지하철 노선, 광고들, 표지, 만화 등)은 자신의 스타일을 만드는 데 중요한 보고寶庫가 될 수 있다.

필기구

사실 마인드맵을 그리는 데는 연필 한 자루, 종이 한 장만 있으면 충분하다. 그럼에도 불구하고 사람들은 도구가 부족한 것이 아닌가 걱정한다. 이는 서투른 목수가 연장만 탓하는 격이다. 맵핑 도구를 고르는 것은 마인드맵을 만들어가는 과정에서 얻을 수 있는 또 하나의 즐거움이기도 하다. 어떤 맵핑 도구(종이, 연필, 만년필, 형광펜 등)를 쓸지는 자신의 취향에 따라 맘대로 정하자.

마인드맵을 실제로 만들 때에는

- 필기구(종이와 볼펜, 연필 등) 중 자신이 가장 쓰기 편한 도구를 고른다.
- 사용할 도구가 상황에 적합한지 고려하여 선택하는 것이 좋다. 예를 들어, 정부 공문서를 화려한 색깔의 형광펜으로 그린다는 것은 그다지 좋은 생각이 아니다. 이 경우에 형광펜은 다음 기회로 미루고 우선 만년필 같은 도구를 사용하자. 다음 기회에는 형광펜도 사용하여 마인드맵을 더욱 멋지게 만들자고 생각하면서······.

- 경우에 따라서, PC나 매킨토시 컴퓨터의 소프트웨어를 이용할 수도 있다. 사용하고자 하는 목적에 따라 소프트웨어의 사용 여부를 정하도록 하자(8장 참조).

◎ 여기서 잠깐! 마인드맵을 읽는 것은 시계를 보는 것과 같다(왼손잡이는 반시계 방향). 시계 바늘을 12시에 놓고 그 바늘이 가는 방향을 따라가는 것과 같이 주가지를 바늘로 생각하고 따라간다. 시간이 궁금할 때 언제든지 시계를 쳐다보듯이, 마인드맵 또한 필요에 따라 어떤 부분에서부터 읽기 시작해도 상관없다.

마인드맵을 이용하는 사람들이 점점 늘어남에 따라 좋은 아이디어를 교환하는 일도 매우 많아졌다. 그런 자료들 중 몇 가지를 여기에 소개한다.

- 마인드맵의 한쪽 구석, 눈에 잘 띄는 곳에 작성 날짜와 간단한 설명을 적어 넣을 것. 다음에 이 자료들을 뒤적여 찾아야 할 때 도움이 된다.
- 글씨는 알아보기 쉽도록 큼직하고 깔끔하게 쓸 것.
- 생각이 잘 떠오르지 않는다면, 아무것도 없는 빈 가지에서 다시 시작할 것. 두뇌는 자고로 비어 있는 상태를 싫어하고 채워 넣으려는 성향이 있기 때문에, 빈 가지들은 곧 여러 생각으로 들어찰 것이다.
- 만약 시간이 없거나 상황이 여의치 않다면, 일단 연필이나 볼펜 한 자루로 시작할 것. 그런 후 나중에 이미지를 그려 넣고 색깔을 칠한다. 이러한 방법은 머릿속을 명확하게 정리해주고, 다시 여러 가지 상상력을 자극할 수 있다.
- 연습할 때, 실제 여러 갈래로 잘 뻗은 나뭇가지를 그림 모델로 보고 그리는 연습을 할 것. 원하는 방향대로 그리되, 이렇게 하면 가지들은 좀 더 완벽한 실제

나뭇가지처럼 보일 것이다.
- 각 가지들 사이를 화살표를 사용해 연결시킨다. 그러나 너무 많은 화살표를 사용해 마인드맵의 전체 구조와 키워드를 잘 알아볼 수 없게 해서는 안 된다. 마인드맵의 정보들은 시각적으로 명확히 드러난다. 예를 들어 어떤 가지가 유난히 많은 정보를 담고 있다면, 이 가지가 마인드맵의 핵심 부분이 아닌지 스스로 질문해보아야 한다.
- 마인드맵을 좀 더 아름답게 그리기 위해서 미술 수업을 받는 것도 하나의 방편이다. 마인드맵을 그릴 정도의 데생을 배울 수 있는 미술 수업은 주변 어디에서나 찾아볼 수 있다.
- 만약 장기간 동안 마인드맵의 전체적인 내용을 완벽하게 익히고 있어야 한다면 가능한 다음과 같은 빈도로 마인드맵을 다시 읽어본다. 작성한 지 10분 후, 하루, 일주일, 한 달, 석 달 그리고 경우에 따라선 6개월 후에. 이 빈도는 생체리듬의 주기에 따른 것이다. 각자 자신의 리듬에 맞게 적용하면 된다.

- 마인드맵을 다시 어떻게 떠올릴 것인가? 머릿속에서 자신이 본 영화를 떠올리듯이 자신이 마인드맵을 그렸던 당시의 상황과 내용을 정확하게 떠올려보려고 노력한다. 아마, 머릿속에 그 기억이 그대로 살아날 것이다. 만일 기억이 나지 않는다면, 현재 눈앞에 놓인 마인드맵을 보고 머릿속에 그대로 떠올리도록 시도해본다.

마지막으로 무엇보다 마인드맵을 계속해서 만들어내는 일에 즐거움을 느낄 것. 즐거운 마음가짐을 가지고 임해야 배우는 데 걸리는 시간이 줄어들고, 기억력도 놀랍게 향상된다.

마인드맵의 작성

지금까지 살펴본 것처럼, 마인드맵은 스스로 직접 작성하는 것이다. 이제는 적절한 방법을 이용하여 능숙하게 마인드맵을 사용하는 일만이 남았다. 하지만 어떻게? 두 가지 선택이 있다. 스스로 그 방법을 생각해내거나 이미 잘 알려진 방법을 이용하거나.

이 책에서 소개할 방법은 '페레르브'^{PERERV} 방법이다. 이 방법은 준비하기(préparer), 떠올리기(Évoquer), 마인드맵 만들기(Ramifier), 검토하기(Examiner), 재구성하기(Réorganiser), 시각효과 주기(Visionner)의 순서로 구성된다.

간단한 문제 하나를 이 방법에 적용해 살펴보자. 노트북을 구매한다고 상상해보라. 어떠한 기준을 가지고 결정을 내릴 것인가? 우선 마인드

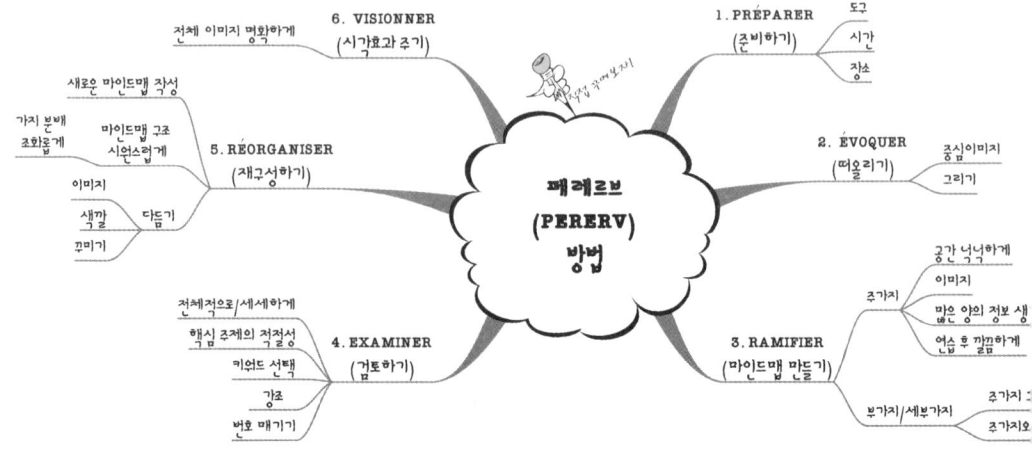

맵을 작성해본다. 노트북에 대한 구체적 자료가 없다고 해도 상관없다. 필요한 사항은 이미 잘 알고 있으니까.

이 책의 부록에 노트북 구매를 주제로 작성한 마인드맵이 들어 있다 (사례1). 그렇지만 일단 다음의 방법을 적용해 스스로 마인드맵을 그려본 후 이 그림을 살펴보길 권한다.

준비하기

일단 맵핑 도구를 준비한다. A4 용지 몇 장, 연필 한 자루, 지우개, 검정 볼펜과 색연필 대여섯 자루면 충분하다. 그리고 나서 그리는 시간을 약 20분 정도로 정하자. 마지막으로 집중하기 좋은 공간을 택한다. 어떤 사람은 명상에 빠져도 좋을 만큼 조용한 장소를 원하는 반면, 집중하는 데는 뭐니 뭐니 해도 혼잡한 지하철 안이 최고라고 생각하는 사람들도 있다.

떠올리기

이 단계에서는 무엇을 마인드맵의 중심에 놓을지 생각한다. 상상력을 최대한 발휘하고 상황을 즐기면서, 이미지나 단어들이 머릿속에서 자연스럽게 떠오르게 한다. 노트북을 그리는 것은 어려운 일이 아니지만 문제 전체를 표현하기에는 무리가 있다. 만들고자 하는 마인드맵은 노트북 선택에 도움을 주는 것이 목적이기 때문에, 중심에 올 이미지는 질문사항이나 의사결정과 연결되어 있어야 한다. 우선 마인드맵의 중심에 그림을 그린다. 물론 필요하다면 단어를 같이 써넣어도 된다. 이때 중심에 오는 이미지를 중심이미지라 한다.

필요할 때 지우개로 지울 수 있도록 일단 연필을 사용하자.

마인드맵 만들기(가지 그리기)

노트북에 관해서 자세하게 생각해보자.

노트북의 구성 요소는 무엇인가? 아니면, 마인드맵을 그리기 전에 가장 중요하게 따져봐야 할 사항이 무엇인가?

이러한 질문들이 주가지(마인드맵 중심과 바로 연결되는)를 구성하게 된다. 각 가지 사이의 공간을 넉넉하게 잡고 주가지를 그린 후 주가지에 덧붙여 부가지들을 만들어간다. 처음엔 단어들이 먼저 생각나겠지만 혹시 이미지가 떠오르면 그 이미지를 단어 대신 바로 그려 넣는다. 유연한 사고로 창의력을 발휘해 많은 양의 정보를 생각하는 일에 전념한다. 우선 연습 삼아 그려본 뒤, 대충 마무리가 되면 두 번째 마인드맵을 다시 '깔끔하게' 그리자.

주가지를 그린 후, 부가지들을 계속 덧붙여 그려 나간다.
현재로서는 순서를 생각할 필요는 없다.

검토하기

이번엔 전체적으로, 동시에 세세하게 마인드맵을 검토해볼 차례이다.
각 주가지를 정의한 핵심 주제들은 적절한가?
군더더기와 쓸데없는 것들을 없애고 키워드를 적절하게 선택했는가?
좀 더 강조를 하고 싶은 내용들이 있다면 색을 칠하거나 중요한 순서에 따라 번호를 매기도록 한다.

재구성하기

이제, 지금까지의 결과물을 가지고 새 종이에 볼펜과 색연필로 새로운 마인드맵을 작성한다.
마인드맵의 구조는 시원스럽게 보이는 것이 좋다. 그러기 위해서는 자신이 결정한 순서에 따라 중심이미지에서 뻗어 나온 가지들을 조화롭게 분배해 그려야 한다. 일단 종이를 4등분하여 몇 개의 가지가 나오게 될지 따져보면서, 주가지부터 그린다.
주가지마다 하나의 색깔을 정해 색칠한다. 색연필로 가지에 색을 칠하고, 필요하면 가지 전체를 구름모양으로 둘러쳐도 좋다.
그림을 수정하여 그럴싸한 모습으로 꾸민다.

시각효과 주기

드디어 스스로 작성한 마인드맵이 친숙하게 느껴지는 시점에 다다랐다. 이제 세부사항을 놓치지 않는 전체적인 시각을 갖추게 되었으므로, 필요와 여건에 맞는 미래의 노트북을 상상할 수 있게 되었다.

이제 머릿속에서 명확하게 마인드맵의 전체 이미지를 떠올릴 수 있을 것이다. 나머지는 각자의 직관에 달려 있다. 직관은 이제까지 해온 작업에 얼마나 많은 관심을 가지고 있으며, 그 내용을 얼마나 잘 알고 있는지에 따라 더 풍부해질 것이다.

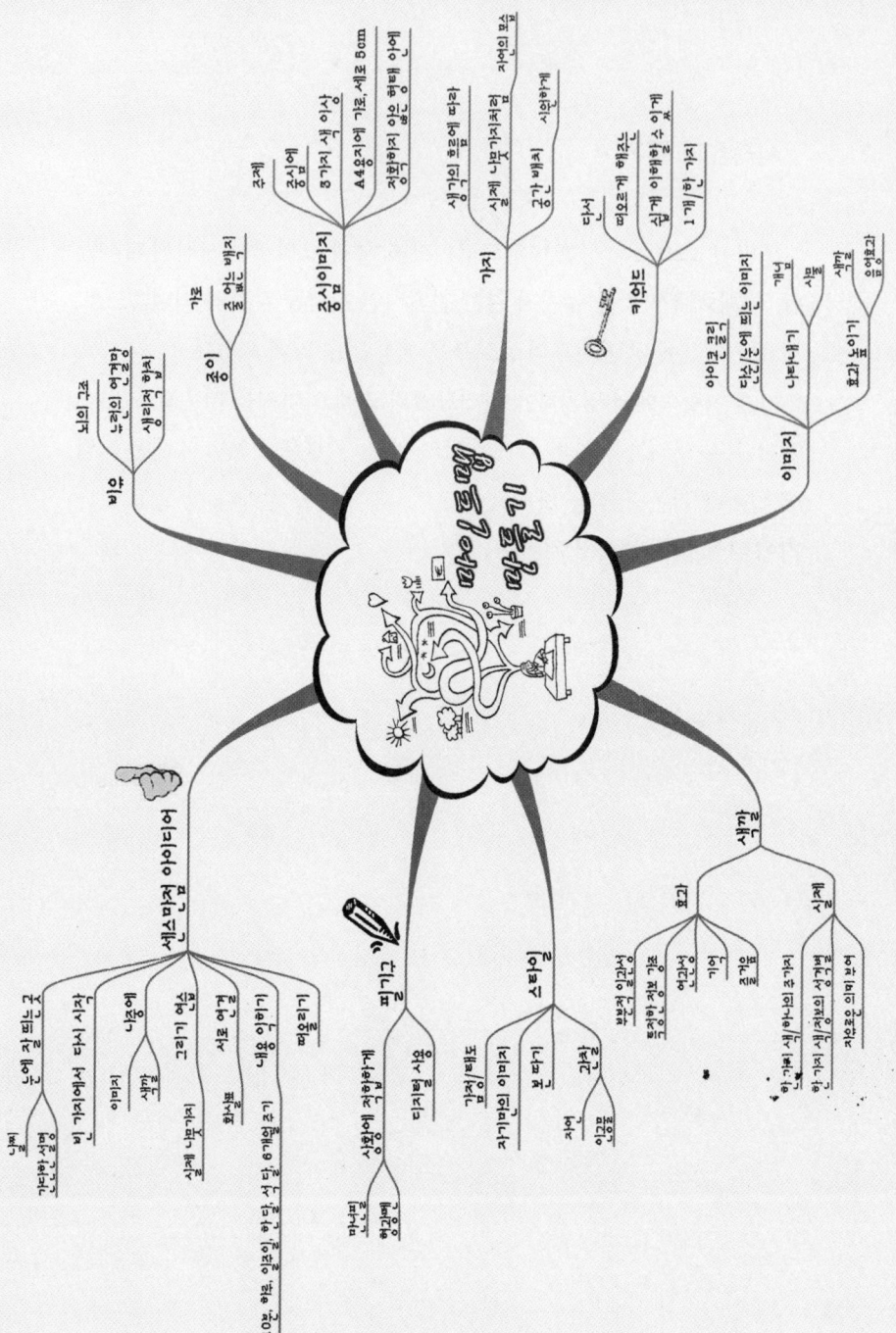

위의 마인드맵을 따라가면서, 지금까지 당신이 읽었던 내용을 되새겨보라.

목표 정하고 달성하기

궁극적 목표로 이끄는 '이유'를 가진 이는
어떠한 '방법'으로도 살 수 있다.

— 니체

| 이 장의 구성 미리보기 |

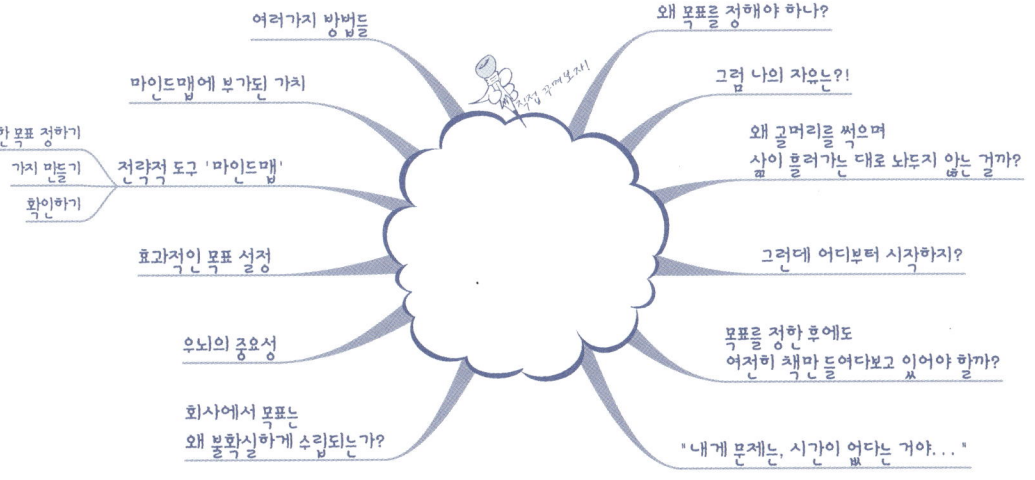

모든 일이 어려워 보이고, 펜은 손에 잡히지 않으며, 어디서부터 시작해야 할지 도무지 감이 안 잡혀 사무실에 혼자 우두커니 앉아 있던 순간을 생각해보자.

혹시 지금이 그러한 상태인가? 좋다. 그럼 바로 밑의 마인드맵을 그대로 본떠 직접 그려보자.

목표 정하고 달성하기

자신을 힘들게 하는 상황이 무엇인지 생각해보자.

왜 목표를 정해야 하나?

자동차 운전을 할 때, 왜 좌회전을 하거나 우회전을 하는가? 왜 제때에 도착하려 하는가? 충분한 연료가 남아 있는지 확인해보았는가? 그리고 왜 넥타이는 매고 있는가?

위와 같은 행동은 분명히 누군가 만나야 할 사람이 있기 때문이다. 그래서 우리는 떠나기 전에 출발 장소와 목적지까지의 거리를 추정하고 약속에 늦지 않으려 시간을 계산한다.

또한 우리는 이 약속이 상당히 중요한 의미를 지니고 있다고 생각할 수 있다. 이 '의미'는 바로 니체가 말한 '이유'에 해당한다.

그럼 '방법'이란 무엇인가? 그것은 목적지로 가기 위한 '방향'을 가리킨다.

간단히 말해보자. 하나의 목표를 설정한다는 것은 의미를 부여하는 일이다.

가고 싶은 곳이 어디인지를 알게 되면, 우리는 그곳에 갈 수 있는 길을 찾아내고 그곳에 이르기 위해 필요한 자원들을 파악하게 된다.

한 회사의 목표는 경영진이나 주주들이 일방적으로 정하는 경우가 대부분이다. 이 목표가 협상의 대상이 되는 일은 매우 드물다. 하지만 앞으로 살펴볼 수단과 방법은 우리의 몫이다. 따라서 우리는 '방법'의 문제에 집중할 것이다. 물론, 목표의 기본 토대인 '이유'를 이해한다면 매우 유리할 것이다. 왜냐하면, 이 두 가지를 모두 이해할 때, 우리의 행동은 좀 더 조화롭고 합리적인 방향으로 나아가기 때문이다.

그럼 나의 자유는?!

빅토르 프랑클Victor Frankl의 《죽음의 수용소에서》(빅토르 E. 프랑클 지음, 정순희 옮김, 고요아침, 2004)는 '자유란 무엇인가' 라는 질문의 답을 찾는 사람들에게는 진정한 영감의 원천이다. 집단 수용소의 생존자인 그는 자유를 완전히 빼앗긴 자신의 극단적 경험을 통해, 자유의 소중한 의미를 전하고 있다.

자유에 대해 말하면서 그는 이미 현실로 이루어 놓은 것과 앞으로 이루고자 하는 것 사이의 긴장 관계에 의해 우리의 정신 건강이 유지된다고 하였다. 인간에게 필요한 것은 긴장이 전혀 없는 상태가 아니라 부드러운 긴장 상태, 즉 우리가 앞으로 이루고자 하는 일을 자유롭게 선택할 수 있는 상황에서 생기는 적절한 긴장 상태라는 것이다.

이 점에 대하여 그는 한 일화를 들어 설명하고 있다. 어느 제자가 부처에게 가장 값지게 사는 방법에 대해 질문했다. 이 제자가 음악가라는 것을 알았던 부처는 대답 대신 그에게 이렇게 물었다. "너의 시타르(고대 페르시아에서 인도로 전래된 현악기)에서 가장 좋은 소리가 나도록 하려면, 너는 어떻게 하느냐?" 그러자 제자가 이렇게 대답했다. "시타르의 줄을 너무 조여서도 안 되고, 너무 느슨하게 풀어서도 안 됩니다." 부처는 삶에 대한 제자의 질문에 악기를 비유로 들어 가르침을 준 것이다.

왜 나는 골머리를 썩으면서도 삶이 흘러가는 대로 놔두지 않는 걸까?

만약 아무것도 하지 않는다면 어떤 일이 벌어질까? 아무것도 바라지 않는다면? 문제 해결 방법을 이야기하는 것보다 문제로 인해 생긴 결과에 대하여 이야기하는 것이 더 쉬울지도 모른다.

하지만 우리는 무기력하지 않으며 문제에 맞서 충분히 대응할 능력이 있다. 그리고 이러한 대응 능력은 더욱더 발전하고자 하는 욕구에 적절한 해결책을 가져다줄 것이다.

하지만 이를 위해서는 미리 준비해야 할 노력들이 있다. 언제나 책임이라는 부분이 대두되기 때문이다.

그런데 어디서부터 시작하지?

우선, 얼렁뚱땅 대답함으로써 대충 얼버무려왔던 다음 질문들을 명확하게 짚고 넘어가자.

- 정확히 무엇을 원하는가?
- 언제 성취하기를 원하는가?
- 포기할 수 있는 것은 무엇이고, 절대 포기할 수 없는 것은 무엇인가?

위의 질문에 진지하게 답하려면 용기가 필요하다. 왜냐하면 위의 질문들은 목표 달성 과정에서 맞닥뜨리게 되는 장애물과 한계, 그리고 바람직하지 않은 결과들을 떠올리게 하기 때문이다.

곰곰이 이 문제들을 생각해보라. 그러면 각자가 자기 자신의 주인이며 스스로에 대한 책임을 지고 있음을 떠올리게 될 것이고, 주위 사람들의 도움을 받기 전에 한 발 앞서서 따져보게 될 것이다.

목표를 정한 후에도 여전히 책만 들여다보고 있어야 할까?

이제 책에서 머리를 들자. 무엇이 보이는가? 당연히 다른 사람들이다! 거리 한복판에 있건, 직장에 있건, 집에 있건 간에 우리는 혼자가 아니다. 우리 각자는 주변 사람들과 함께하는 사회문화적 배경 속에서 살아간다.

　목표를 구체적으로 정하는 것은 스스로와 자신을 둘러싼 환경을 서로 비교해볼 수 있도록 해준다. 구체적으로 목표를 정한다면 나타날 수 있는 장애물을 예상할 수 있으며, 어떤 방법으로 장애물을 뛰어넘을지도 정할 수 있다.

"내게 문제는, 시간이 없다는 거야……."

　누구에게나 하루는 24시간이 주어진다. 우리는 이 주어진 시간을 낭비하거나 투자할 수 있는 선택권을 갖고 있다. 목표를 효과적으로 설정했다면, 시간 관리도 수월하게 할 수 있다. 이 효과적인 시간 관리를 통해서 우리는 모든 행위를 효과적이면서도 논리적으로 진행할 수 있는 것이다.
　시간을 벌기 위해서는 시간에 투자를 해야 한다.

　아래의 마인드맵을 따라가면서, 지금까지 읽었던 내용을 되새겨보자.

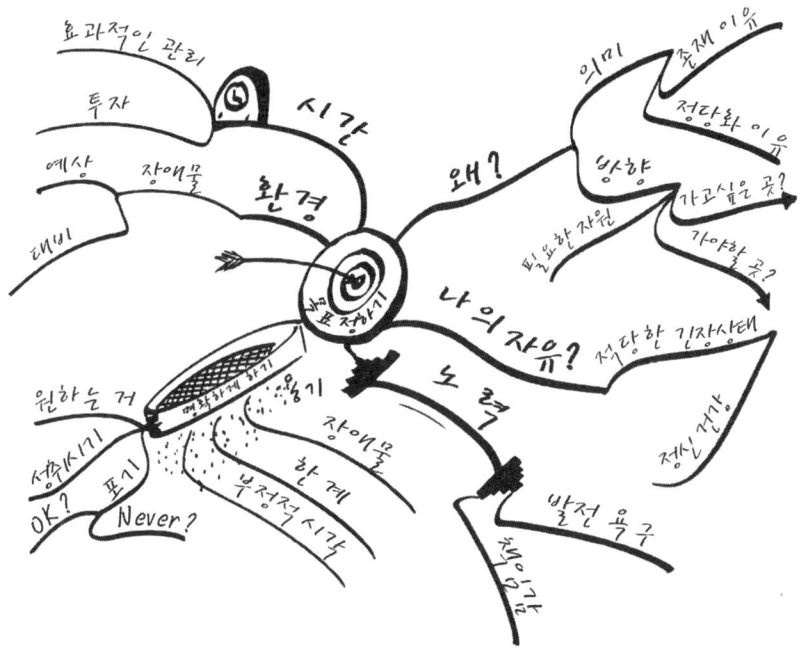

회사에서 목표는 왜 불확실하게 수립되는가?

혹시 여러분은 설계도에 치명적 결함이 있다는 건축가의 경고를 받아들이지 않다가, 그 설계도에 따라 잘못 지어진 건물에 불이 나서 소방수들이 달려오는 것과 같은 상황을 자초하고 있지는 않은가?

혹시 적당주의에 젖어있지는 않은가?

효율성을 높여야 한다는 긴장감에 끊임없이 시달리다 보니, 우리는 비생산적이라고 여겨지는 '생각하는' 시간보다는 즉각적인 행동을 더

선호한다. 게다가 긴급한 일을 처리하면 만족감도 금방 생기고, 결과를 즉시 얻을 수 있어 뿌듯함도 느낀다.

그러나 이제는 긴급한 일과 중요한 일을 구별하여, 중요한 일을 미리 예상하고 대처할 수 있는 능력을 끄집어낼 때이다.

우뇌의 중요성

목표에 접근하기 위한 도구들은 보통 수치를 정량화하고 분석하는 기능을 한다. 표, 히스토그램, 매트릭스, 도표 등이 그것인데 주로 좌뇌에서 담당하는 기능들이다.

하지만 통찰력과 시각화 그리고 전체성의 개념(우뇌에서 담당하는 기능들)은 목표를 이해하는 데 있어서 없어서는 안 될 중요한 요소들이다.

아래의 마인드맵을 따라가면서, 지금까지 당신이 읽었던 내용을 되새겨보라.

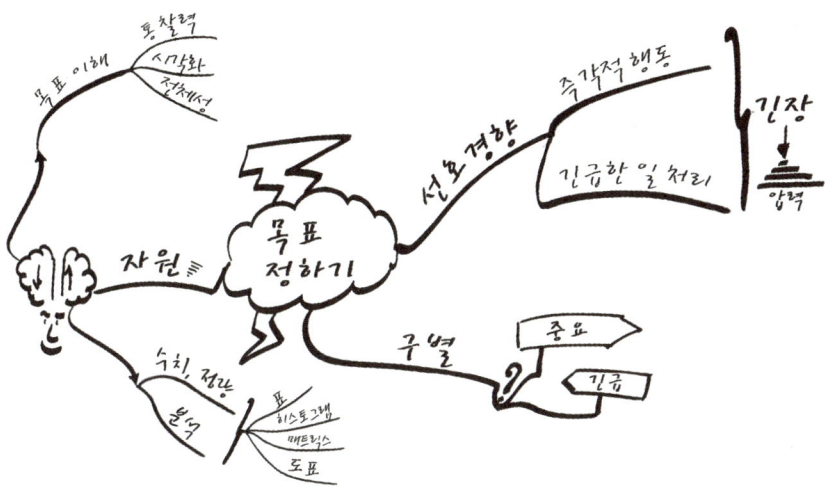

효과적인 목표 설정

이제 목표를 효과적으로 정할 수 있도록 해주는 기본 사항들을 생각해보자.

구체적이고 명확하며, 관찰과 측정이 가능해야 목표가 정확해지고 명료해진다. '부자 되기'와 같은 목표는 너무 막연하다. 앞으로 무엇을 어떻게 해야 하는지 알려면 '2년 안에 한 해 수입을 1억으로 만든다'와 같은 식으로 목표를 정해야 한다.

목표를 시각화하는 우뇌는 부정적인 표현을 받아들이지 않는다. "내일은 늦지 말아야지"라고 반복해서 말한다고 해서 우뇌가 모든 기능을 총동원해서 행동을 바꾸는 것은 아니다. 진정으로 변화를 이끌어내길 원한다면 "내일 사무실에 8시 15분까지 도착해야지"라고 말하자. 단정적인 문장으로 말하는 것이 목표를 이루는 데 더 효과적이다. 단정적인 표현은 우리가 무엇을 원하는지를 말해주기 때문 이다.

사실 이제부터 무엇인가를 생각하지 말 아야지 하면, 어떤 식으로든 그 생각이 다 시 떠오르기 마련이다.

만일 누군가 우리에게 물안경을 쓰고 잠수용 대롱을 입에 문 펭귄이 빙산 위에 있는 모습은 생각지도 말라고 요구한다 해도 우리는 곧 그 이미지를 떠올린다.

통제할 수 있는 범위 내에서 목표가 달성될 수 있는지 스스로 질문해 보자. 만약 가능하지 않다면 이 목표는 타협을 통해 수정하거나 목표 자체를 지속적으로 점검해보아야 한다.

예를 들어 '최고가 되기'라는 목표는 우리의 영향권을 벗어나는 희망 사항일 뿐이다. 왜냐하면 경쟁 상대가 누구이고, 그들이 무엇을 준비하고 있는지 알 수 없기 때문이다. 하지만 '현재 매출액 대비 20% 초과 달성'이란 목표는 우리의 통제 범위 안에서 해결할 수 있다.

목표가 달성되었을 때를 상상해보라.

무엇을 느끼는가? 무엇을 듣는가? 무엇을 보는가? 이렇게 감각을 활용하면 자신의 현재 상황을 성찰할 수 있는 생각의 고리들을 만들어내고, 할 수 있는 모든 수단을 동원할 수 있다. 우리에게 활력을 불어넣는 것은 신체·감각·정신의 준비이다.

우리가 세운 목표들이 각자 삶의 가치 및 삶의 궁극적 목적과 조화를 이루어야 함은 말할 필요도 없을 것이다. 삶의 가치를 지니고 있지 않으면, 모든 성공의 가능성은 사라진다. 우리는 언제나 내적 갈등을 겪고 있다. 의식적으로 겪는 경우도 있지만 무의식적으로 겪는 경우가 훨씬 많다. 스스로 세운 전략은 어긋나기 일쑤이고, 스스로의 노력은 심신을 지치게 한다. 이 모든 것이 정신적으로 건강하지 못할 때 나타난다.

목표를 구체적으로 정하는 것은 목표가 자신의 현실과 논리적으로 연결되도록 만드는 것이다. 즉, 자신이 어떠한 환경 속에 있는지, 목표에 관련된 사람들이 누구인지 확인하는 것을 의미한다.

목표 실현에 따르는 모든 결과들을 예상할 수 있다면, 우리는 결과가 나오기를 기다리기에 앞서 미리 그 결과들을 잘 관리할 수 있다.

예를 하나 들어보자. 오랫동안 찾아왔던 조건에 딱 맞는 아파트를 발견했다고 가정하자. 이 아파트는 평수, 채광, 방의 개수, 방향 등에서 자신이 바라던 기준에 꼭 들어맞는다. 그럼, 당신은 지금까지 아이들을 맡아준 보모에게 일을 그만하라고 말하고 새 보모를 구할 준비가 되었는가? 이사로 인해 생기는 추가 출퇴근 소요 시간을 확보하는 것은 가능한가? 집을 계약하기 이전에 던져봐야 할 질문은 아마 이외에도 너무나 많을 것이다.

위의 구체적 목표 설정과 그 결과 예측에 따른 전반적인 접근법은 많은 문제점을 피할 수 있게 해준다. 이 방법은 끊임없이 변하는 상황을 고려하여, 우리의 사고 과정 전반에 걸쳐 적용할 수 있다.

장애물과 이용할 수 있는 방책들을 현명하게 따져보고, 장애물을 피하기 위해서는 어떤 방법을 써야 하는지, 사용할 자원들은 어떻게 확인하고 어떻게 사용해야 하는지 상상해보자.

기한을 정하는 것은 반드시 필요한데, 이때 기한은 계획이 마무리되는 시점에서 돌이켜보는 방식을 취할 수도 있다. 즉, 목표를 달성할 것으로 예상되는 날짜에서부터 출발하여 우리가 목표를 향해 행동을 개시하는 첫날까지의 계획을 세우는 것이다.

시작이 반이라는 말이 있다. 행동으로 옮기면 두려움이 없어지는 경우가 대부분이다.

유능한 선원처럼, 우리는 항상 유연한 자세로 기회를 찾으면서 목적지를 향해 뱃머리를 돌려야 한다. 목표를 한 단계씩 이룰 때마다, 그리고 마지막 목적지에 도착했을 때 당당하게 축배의 잔을 든다. 그러면 매번 축하할 때마다 새로운 목표를 위한 힘이 다시금 솟아나게 될 것이다.

아래의 마인드맵을 따라가면서, 지금까지 읽었던 내용을 되새겨보라.

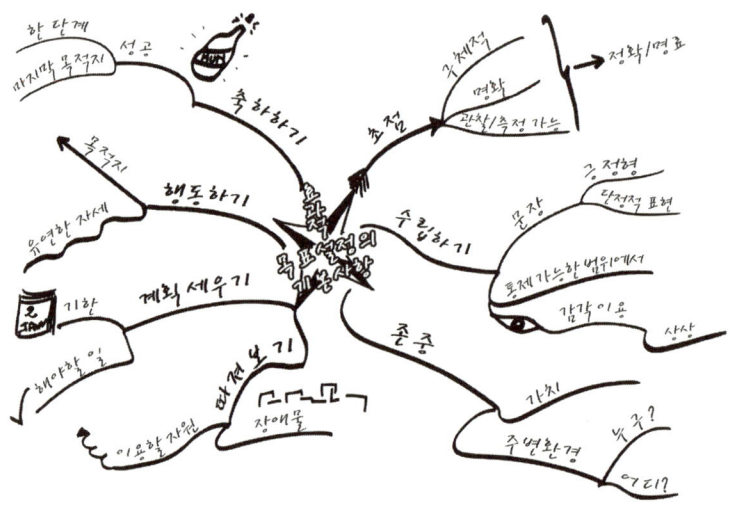

전략적 도구 '마인드맵'

우리는 지금 목표란 주제를 가지고 마인드맵을 이용하는 방법에 대해 이야기하고 있다. 이 방법을 알면 마인드맵을 나름의 방식으로 습득하여 목표 설정에 잘 적용할 수 있을 것이다. 더 나아가서 자신의 상황에 맞는 좀 더 조화로운 방법을 발견할 수도 있을 것이다. 가장 중요한 것은 마인드맵을 사용할 때 편안함을 느끼며 스스로 잘하고 있다는 느낌을 갖는 것이다. 특히 백지 앞에서 망연자실하지 않아야 한다.

그러면 이제 마인드맵의 실질적인 사용법을 살펴보자.
마인드맵을 사용하면 목표를 합리적, 감각적, 시각적으로 나타낼 수 있다.
마인드맵으로 신체·감각·정신을 모두 사용하여 목표를 자기 것으로 만들면 확고한 동기가 생기고 적당한 긴장을 유지할 수 있다.
생명보험 회사의 영업 부장인 플로랑의 예를 보자. 그는 상부에서 하달한 새로운 영업실적 목표를 달성하기 위해 자신의 영업 활동이 좀 더 효율적으로 이루어지길 바라고 있다.

명확한 목표 정하기

플로랑은 우선 자신이 원하는 바를 명확히 파악하고자 하였다. 그는 먼저 두 개의 주가지를 만들었다. 첫 번째 주가지는 더 이상 원하지 않는 것, 그리고 두 번째 주가지는 달성하고 싶은 것이다.
구체적이고 명확하며, 관찰과 측정이 가능한가라는 조건이 두 가지 모두에서 충족되고 있다. 경우에 따라서, 각각의 가지는 플로랑이 목표를 자신의 통제 범위 안에 두고 있는지 아닌지도 파악할 수 있게 해줄 것이다.

'더 이상 원하지 않는 것' 쪽의 주가지에서 출발하면, 플로랑은 그가 진정으로 원하는 것을 좀 더 쉽게 찾을 수 있다. 이렇게 해서 그는 성공의 지표를 파악하는 것이다.

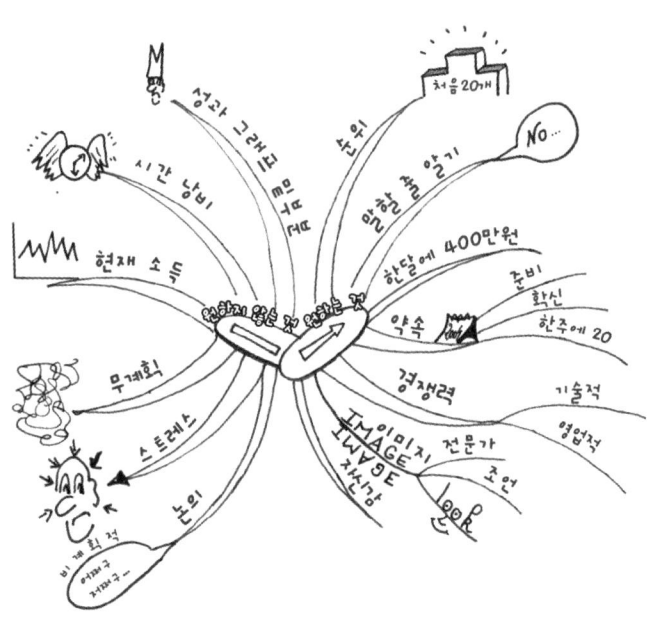

가지 만들기

그런 다음 플로랑은 목표가 달성되었을 때 느낄 수 있는 감정들을 '오감을 통해 표현함으로써 자신의 희망 사항을 긍정적으로 형식화한' 가지들을 그릴 수 있다.

이 작업을 훌륭하게 완수하려면 머리와 몸으로 자신의 감정을 느끼면

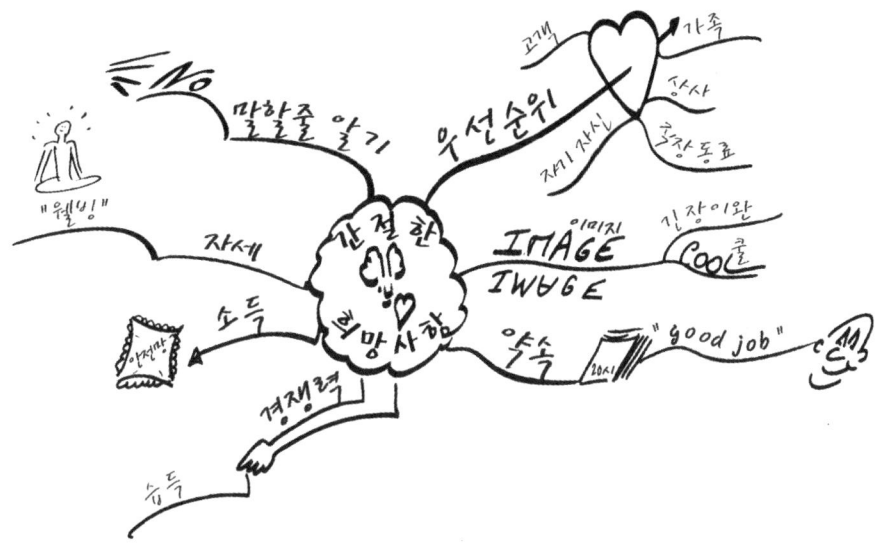

서 미래의 상태를 상상할 수 있는 능력이 필요하다.

단어와 그림들은 감정과 느낌을 불러일으키고 행동을 촉구한다.

이 단계에서, 마인드맵의 중심이미지에는 무엇이 와야 할지 저절로 머릿속에 떠오르게 될 것이다. 이 중심이미지는 모든 것의 시작이며 영감의 원천이다. 가지들의 근원인 것이다.

확인하기

목표 및 목표에 다다르기 위한 과정이 플로랑이 생각하는 가치와 주변 상황에 적합한지를 확인해야 한다.

이를 확인하기 위한 첫 번째 단계는 '존중' 이라고 쓰인 주가지에서 시작하며 이 주가지는 '가치' 라고 쓰인 첫 번째 부가지와 연결된다. 이 두 가지는 플로랑이 타협하지 않을 사항들이다. '가치' 의 가지에서 뻗어나갈 가지들은 가치를 존중할 때 명백히 나타날 수 있는 행동과 결과에 관한 것이다.

두 번째 부가지는 플로랑의 '주변 환경' 에 관한 것들이다. 여기에서 뻗어나갈 가지들은 '어디에?' 와 '누구와?' 라는 질문에 대답하면서 플로랑 자신과 목표의 밑바탕이 되는 주변 상황을 알게 해준다.

주위 사람 및 주변 환경과의 관계를 바탕으로 목표 달성 결과를 예측하는 것이 지금 하고 있는 가지 만들기의 목표이다.

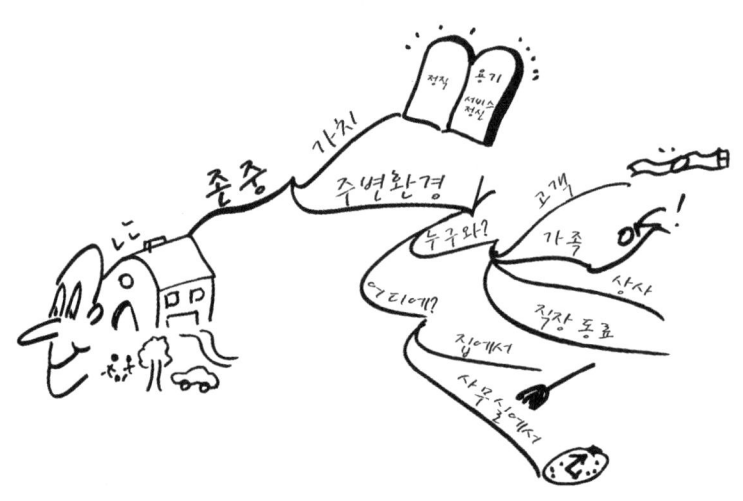

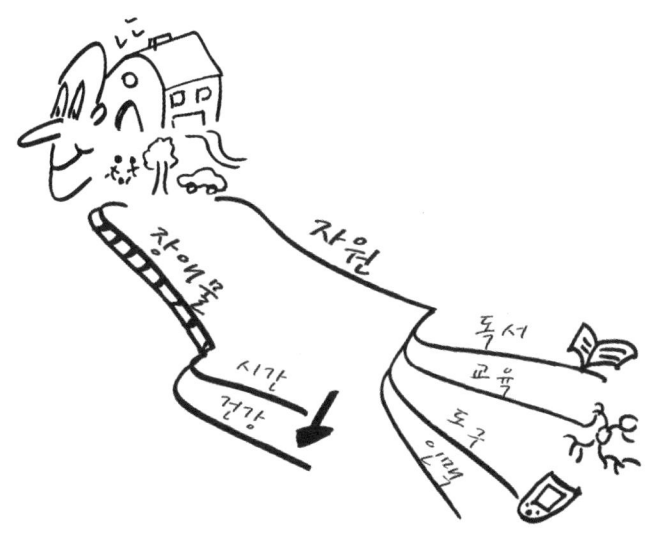

다음으로 새로운 두 개의 주가지는 '자원'과 '장애물'로 표현된다. '자원' 가지에는 필요한 자원들이 부가지로 붙고, '장애물' 가지에는 예상 가능한 장애물이 부가지로 붙는다. 이 가지들은 플로랑이 적절하게 자원을 활용하고, 장애물을 예상하고 뛰어넘는 데 필요한 전략을 구상하도록 해준다. 플로랑은 이 두 가지(활용할 자원과 장애물)를 항상 기억하고 방심하지 않아야 앞으로의 계획을 제대로 수행할 수 있을 것이다.

다음 주가지는 '업무 배분'인데, 이 가지에는 플로랑이 스스로 결정하거나 상부에서 지시받은 목표 달성 날짜가 포함된다.

이 가지에서 뻗어 나온 부가지들은 업무들의 성격과 기한, 관련된 사람들 또는 사용 가능한 자원에 대한 정보를 담고 있다. 업무를 마칠 때마다 플로랑은 완수한 업무가 표시된 가지에 밑줄을 긋거나, 삭제를 해서 종료된 업무임을 표시할 수 있다.

다음 주가지는 전략 수정에 영향을 미칠 수 있는 사건들의 정보를 플로랑이 수집할 수 있게 해준다. 따라서 플로랑은 이것들을 기억해두고 있다가 중요 순서들을 다시 정해야 할 경우 유용하게 사용할 수 있다. 사건들을 시간 순으로 기록하여 보관하면 자기 행동의 의미―왜 그리고 어떻게―를 보는 데 용이하다.

이제 마지막으로 주가지 하나가 남았다. 이 가지에 플로랑은 일의 진척에 따라 스스로 정하거나 업무 지시자가 주기로 한 보상 내용을 표시한다. 이 가지는 새로운 힘이 솟아나게 해준다는 점에서 무척 중요하다. 여기에 표시하는 정보들은 보는 사람에게 자극을 줄 수 있도록 감각적인 수단(색깔, 입체감, 도안, 감정 등)을 동원하여 눈에 확 띄게 나타낸다.

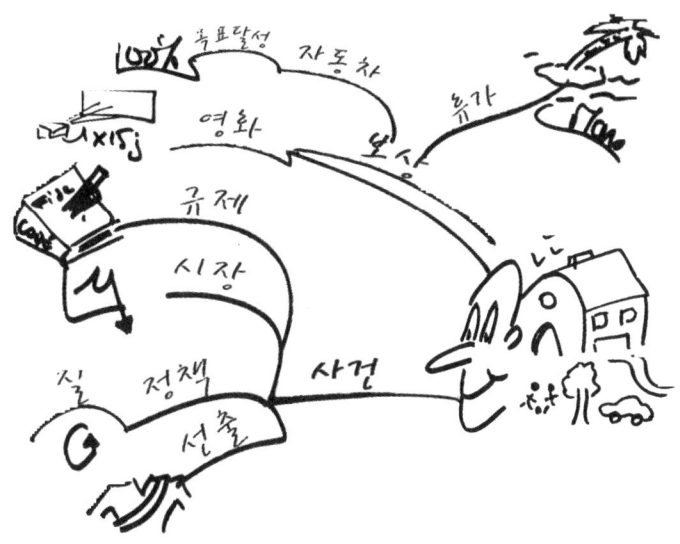

마인드맵에 부가된 가치

비록 예시 차원에서 하나하나 순서대로 전개했지만, 각각의 가지는 가지에 포함될 정보들이 충분하다면 개별적으로 자유롭게 만들 수 있다. 이렇게 마인드맵 하나하나마다 가지들을 빼고 더하면서 쉽고 간단하게 작성해나가는 것이 가능하다.

이때 같은 목표를 위해 만들어진 여러 마인드맵들을 버리지 말고 모두 보관해두는 것이 좋다. 그래야 언제라도 진척 사항을 살펴보고 평가할 수 있기 때문이다.

자신이 작성한 마인드맵의 모든 구성 요소를 전체적인 시각으로 바라보는 것은 중요하다. 전체를 한눈에 보게 되면 우선순위 및 동시에 일어날 수 있는 경우들을 쉽게 알아볼 수 있다.

  풍부한 표현과 이미지를 사용하고, 강조 기법을 적극 활용할수록 목표를 향해 나아가려는 적극적인 태도를 이끌어낼 수 있다.

  길을 잃었을 때 우리는 도로교통지도를 이용한다. 이와 마찬가지로, 예상치 못한 일들을 만나고 주위에 긴장 상태가 감돌 때 마인드맵을 사용하면 냉철한 판단력으로 침착하게 대처할 수 있다.

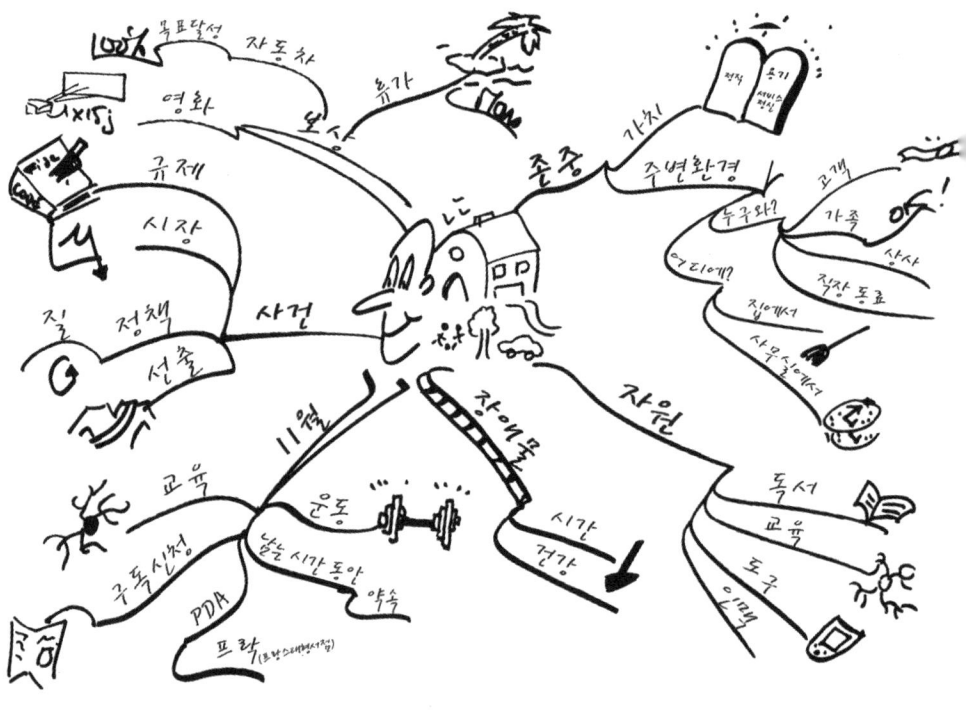

여러 가지 방법들

목표가 개인의 것이 아니라 집단의 목표일 경우도 있다. 이때도 방법은 동일하다. 우리는 하나의 목표를 공유하는 집단의 참여자 각자가 미리 마인드맵을 작성해 오길 권한다. 전체 구성원들끼리 의견을 교환한 다음, 한 명의 사회자가 나서서 각자가 준비한 마인드맵을 하나로 통합한다.

마지막으로 경영 리더 수업에서 마인드맵을 사용하면 이전 강의의 내용들을 복습할 수 있고, 다음번 강의들을 체계적으로 준비할 수 있다. 이를 위해서는 강사와 수강자가 마인드맵을 한 장씩 보관한다.

올바른 **의사결정** 내리기

언제나 중요한 결정을 내리기 전에는

천천히 행동하는 편이 현명하다

― 파울로 코엘료

| 이 장의 구성 미리보기 |

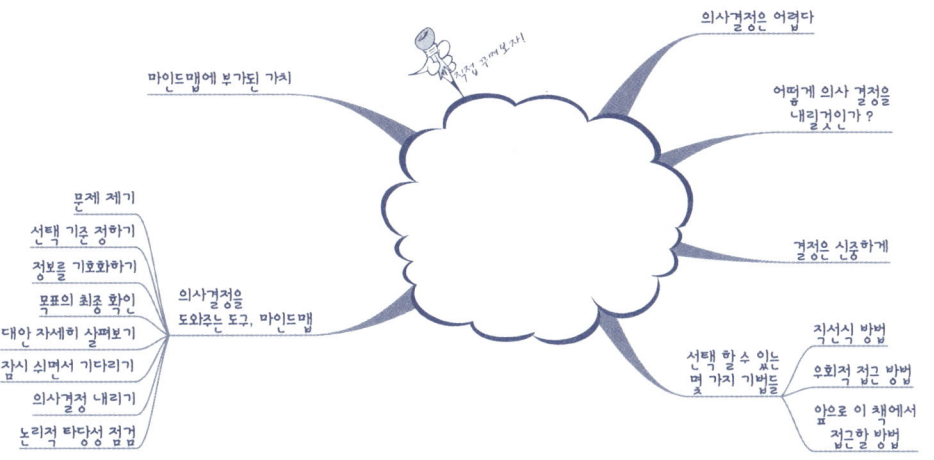

의사결정은 어렵다

 '신속하고 적절한' 의사결정을 내릴 수 있는 능력은 경영에서 가장 널리 요구되는 자질이다. '타고난 의사결정자들'이 보여주는 이 재능 덕에 주변 사람들은 그들에게 한없는 신뢰를 갖게 된다. 물론 어떤 결정들은 본능적으로 하게 되는 경우가 많으며, 특별한 노력이 필요하지 않다(옷을 입는 일이나 보러 갈 영화를 선택하는 일 같은 경우). 기껏해야 행동으로 옮기기 전에 약간의 고민을 할 뿐이다.

그러나 그 밖의 중요한 결정, 예를 들어 집을 산다거나 직업을 바꾸는 경우에는 많은 변수를 고려해야 하며 결정을 내릴 때 여러 사람을 끌어들이게 된다.

또한 의사결정 시에는 최소한의 정보를 필요로 한다. 하지만 대부분이 최소한의 정보로는 충분치 못하다. 그리고 때로는 과다한 정보의 홍수 속에서 정확한 판단을 내리기 위해서는 정보들을 추려내고, 정리해야 할 필요가 있다.

어떤 의사결정은 아주 급하게 내려야 하는 경우도 있으며, 감정적인 갈등 속에서 결정을 해야 하는 등 복잡한 상황에 놓일 수도 있다.

어떻게 의사결정을 내릴 것인가?

의사결정 시 생길 수 있는 모든 변수를 검토한다는 것은 상황을 너무 까다롭게 만들어, 결정을 내리는 데에 두려움을 느끼게 할 수 있다. 그럴 때 우리는 지레 겁을 집어먹고 어찌할 바를 모르게 된다. 점점 더 실수가 용납되지 않는 오늘날의 기업 현실에서 이러한 일은 오히려 더욱더 빈번히 일어나고 있다.

한편, 어떠한 결정을 내려야 할지, 그 결정의 결과가 어떻게 될지 잘 알고 있는 경우도 있다. 그럼에도 불구하고, 우리는 문제가 저절로 해결되거나 어느 날 갑자기 새로운 해결책이

저절로 나타나주기만을 기다리며 의사결정을 미루곤 한다.

때로는 반대의 경우가 일어나기도 한다. 급한 일을 처리할 때나 순간적인 감정에 치우칠 때, 혹은 불편한 순간을 모면하기 위해서 우리는 성급하게 임시방편적인 결정을 내린다.

물론 자신의 직감을 완전히 무시해서는 안 된다. 하지만 많은 결정들이 불충분한 정보나 결국은 오류로 밝혀지는 잘못된 믿음 때문에 제대로 내려지지 않았다는 사실 또한 알아야 한다.

모든 결정을 내리는 데 있어서 자신이 추구하는 목적이 무엇인지 머릿속에 떠올려보는 것은 매우 중요하다. 특히 이제까지와는 다른 새로운 대안이 제시된 상황이나 중요한 선택의 기로에 서 있을 경우엔 더욱 그러하다.

우리는 우리 자신이 생각하는 가치와 그에 따른 결정 기준이 잘못될 때도 있다는 것을 안다. 그렇다면 무엇을 해야 하는가? 어떠한 방법을 채택할 것인가? 감정적 요소를 고려해야 하는가? 결정을 내리는 데 의사결정모델을 이용해야 하는가? 얼마나 신속하게 행동해야 하는가?

결정은 신중하게

의사결정을 내려야 할 때, 가능한 다양한 출처에서 나온 최대한 많은 양의 정보를 비교, 분석해보는 것이 좋다.

또한 가능한 대안들을 전부 생각했는지, 모든 기준에 합당한지, 직관을 무시하지 않았는지 확인하자.

좋은 결정은 많은 사람들이 수긍하고 지지해준다. 이상적인 것은 확신을 가지고 좋은 결정을 내릴 수 있도록 한 걸음 한 걸음 쫓아가기만 하면 되는 '비법'을 만들어내는 것이다. 이 방법은 인간적 요소와 정서적, 직관적 요소뿐만 아니라 합리적 사실에 바탕을 둔 변화 요인 모두를 고려한 것이어야 한다.

선택할 수 있는 몇 가지 기법들

직선식 방법

이 방법은 각 단계가 명확하게 구분되어 있으며, 합리적이고 직선적이며 이분법적이다.

기법들 사이에 다소의 차이가 있지만, 기본 원리는 다음 순서와 같다. 문제 정의하기, 기준을 파악하고 각 기준들 간에 균형 맞추기, 의사결정 모형 만들기, 대안 찾기, 대안을 기준에 맞추어보고 선택하기, 그리고 마지막으로 결정이 논리적으로 타당한지 검토하기.

대표적인 방법으로는 의사결정구조, 케프너-트리고$^{Kepner-Tregoe}$, 엘렉트라 II$^{Electre\ II}$, AHP$^{Analytic\ Hierarchy\ Process}$(계층분석과정 _옮긴이) 등이 있다.

위 방법들의 주요 장점은 사용자들이 의사결정을 할 때, 정해진 틀 안

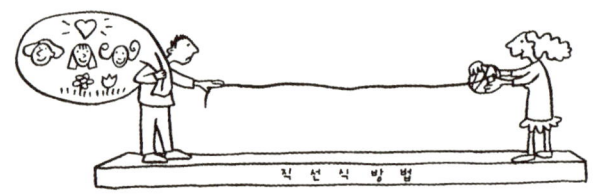

에서 한 걸음 한 걸음 따라갈 수 있도록 안내해준다는 것이다. 이 기법들은 정형화되어 있고 체계적이어서, 정보처리 도구로 활용될 수 있다.

반면에 가장 큰 단점으로는 지나친 경직성을 들 수 있다. 이렇게 경직된 방법을 활용한다면, 의사결정을 내릴 때, 마음속에서 생기는 감정이나 직관에 대해선 어떻게 해야 할까?

또 다른 문제점은 이러한 방법들로는 전체적인 시각을 가질 수 없다는 것이다. 의사결정 단계를 하나하나 단순히 주어진 순서대로만 따라간다면 복잡하게 얽혀 있는 문제에 부딪혔을 때 당혹스러움을 느끼지 않을 수 없다.

우회적 접근 방법

이 접근법은 좀 더 창의적이고 우회적인 방법을 사용한다.
다음과 같은 방법들을 예로 들 수 있다.

- 유추 : 주어진 문제와 이미 해결된 문제에서 유사점을 찾아내어 의사결정에 응용하는 방법. 정보처리 전문가들이 주로 사용하는 '디자인 패턴' Design Pattern 기술을 예로 들 수 있다.
- 비유 : 잘 알려진 모델, 혹은 상상의 모델에 맞춰 문제를 다시 생각해보는 방법
- 상식을 벗어난 추론 : 기존의 틀을 벗어나 참조 대상을 바꾸어보는 방법

이러한 방법들의 장점은 우리의 일상적 사고방식에서 한 발짝 물러나, 우리의 상상력과 연상적 사고를 이용한다는 것이다.

단점으로는 방법을 제대로 이해하지 못할 수 있다는 점과 때때로 엉

뚱하다고 생각될 수 있다는 점이다.

게다가 이러한 방법들이 효과적으로 사용되기 위해서는 일정한 훈련이 요구된다. 이런 점 때문에 기업에서는 위의 방법들을 쉽게 받아들이지 못한다. 특히 연상법은 전체적인 상황을 이해하지 못한 채 조각난 생각들을 하나 둘 무작위로 도입하여 사용한다는 점에서 문제점이 많다.

앞으로 이 책에서 접근할 방법

최근에는 시각, 청각, 운동감각적 경로를 모두 아우르는 새로운 기술의 접근법이 점차 광범위하게 사용되고 있다.

새로운 접근법이란 정보를 지도 방식으로 제작하여 시각화하는 것으로, 매우 효과적으로 의사결정을 하게 해준다. 이 방법은 사고의 장을 넓혀 주며, 두뇌 속에 내재되어 있는 여러 정보들을 자극해 다양한 선택을 가능하게 한다. 그래서 수많은 기준들을 통합하여 보다 나은 선택을 하게 해주며, 최종적으로 선택한 결정이 타당한 것인지 아닌지의 여부를 전체적인 시야를 통해 따져볼 수 있게 해준다.

이것이 의사결정 도구로서 마인드맵이 하는 일이다.

의사결정을 도와주는 도구, 마인드맵

방법은 매우 간단하다. 전통적인 직선식 의사결정 순서에 따라 마인드맵을 작성하면 된다. 퍼즐 조각을 하나하나 맞추어가듯이 최종 결정을 향해 차근차근 접근하는 것이다.

문제 제기

우선 전체적인 사진을 머릿속에서 찍어보는 것부터 시작한다.

이 단계의 목적은 주어진 문제와 부딪치는 것이다. 문제의 복합성을 염두에 두고, 의사결정에 유용한 모든 정보를 최대한 수집하도록 한다.

연습 겸 이해하는 데 좀 더 도움이 되도록 한 예를 들어보자. 어느 가족이 차를 한 대 장만하기로 하고, 결정은 가족 구성원 전체가 같이 내리기로 했다.

첫 번째 단계, 그들은 목표—자동차를 장만하는 것—가 무엇인지 이미 알고 있지만, 아직 구체적으로 정하지는 않았다. 자, 이제 그 목표는 종이의 중앙에 그려진 자동차 그림으로 구체화되어 있다. 이 자동차 그림은 자동차 구매와 관련한 모든 자료들과 가족 모두가 자동차에 대해 느끼는 감정들을 하나의 상징적 기호로 표현한 것이다.

◎ 여기서 잠깐! 개인의 시각과 집단의 시각에는 차이가 있을 수 있다. 그래서 마인드맵 작성을 통한 의사결정 과정은 이와 같은 상징적 기호를 통해 매우 유연하게 진행된다.

다음으로 중심이미지에서 연결된 '대안'이라고 쓰인 가지를 따라가 보자. 이 대안들은 선택 가능하다. 그 맞은편 가지에는 무작위로 떠오른 아이디어들이 적혀 있다. 이 가지는 아이디어들을 모아놓은 곳으로 나중에 좀 더 구체적으로 다듬어 활용할 수 있을 것이다.

◎ 여기서 잠깐! 처음부터 대안을 전부 떠올려야 할 필요는 없다. 생각들을 자유롭게 전개하며 마인드맵을 만드는 동안, 갑자기 새로운 대안들이 떠오를 수도 있다. 이와 같은 방식은 추구하는 목표를 재검토할 때도 마찬가지로 적용된다.

선택 기준 정하기

기준을 정하는 일은 우리에게 여러 가능한 대안들을 따져볼 수 있는 잣대 역할을 한다. 진정한 의사결정 과정은 여기서부터 시작된다.

일단 중요한 기준들을 명확히 정함과 동시에 핵심 가치를 정의하고, 그 가치를 추구하는 목적과 연결시켜 본다. 이와 같은 작업을 통해서만이, 우리는 대안들을 걸러내는 데 필요한 기준을 제대로 세울 수가 있다.

그룹 전체를 위한 의사결정 시엔 기준을 정하는 일에 특히 신중해야 한다. 실제로 각 개인은 자신의 고유한 가치와 목표에 의거해 의사결정을 한다. 각자의 가치와 목표에 대한 판단의 차이를 고려해야 모든 그룹

구성원들이 타인의 의견을 경청하고 합의를 만들어낼 수 있다.
 기준은 '필수 사항'과 '희망 사항'으로 분류된다. '희망 사항'은 중요한 순서대로 그 상하 관계를 정하면 되지만, 결정이 채택되기 위해서는 모든 '필수 사항'이 만족되어야만 한다.

◎ 여기서 잠깐! 기준들은 최종적으로 채택된 결과가 타당성을 가지고 있는지와 의사 전달을 제대로 하고 있는지를 따져볼 수 있어야만 그 가치가 있다.

정보를 간단한 기호로 바꾸어 표시하기

 기호와 색을 사용하여 의견이 충돌하는 부분, 각 사항에 대한 자신의 감정, 특별히 선호하는 것들을 표현할 수 있다. 이 방법을 통해 직관적이고 감정적인 부분들을 마인드맵에 적절히 녹아들게 할 수 있다. 이렇게 사실적인 정보들과 감정적인 정보들을 함께 담음으로써, 전체 과정은 혼란을 피해 순탄하게 진행된다. 마인드맵은 크기가 다른 글자들, 기호들이나 그림, 색깔 등으로 각 기준들의 중요도를 담아 나타낸다.
 의사결정 과정에서 어떤 하나의 대안에 대하여 다양한 선호도를 가지고 있는 것을 우리는 볼 수 있다.
 아래 마인드맵을 보면 의견 충돌 부분은 번개로, 선호하는 것은 하트, 그리고 필수 사항(반드시 지켜져야 되는 것)은 느낌표로 표시되어 있는 것을 볼 수 있다.

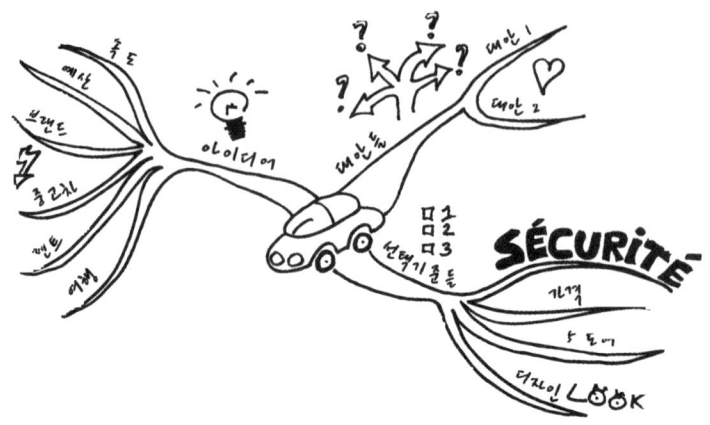

목표 최종 확인

이제 추구하는 목표를 좀 더 자세하게 정의해볼 필요가 있다.

의사결정에서 꼭 필요한 이 단계는 몇몇 대안들이 서로 대립하여 선택에 갈등을 겪는 경우에 특히 효과적이다(특히 그룹 의사결정일 경우).

물론 어느 정도 목표 설정을 명확히 한 후에 의사결정 과정을 실행해야 할 것이다. 그러나 명확한 목표를 세우기 이전에 먼저 서로 신뢰하는 분위기에서 논의의 방향이 여러 방향으로 뻗어 나가도록 내버려 두는 것도 도움이 된다. 이렇게 하면 의사결정 시작 단계에서부터 생길 수 있는 장애들을 피할 수 있다.

목표를 구체적으로 정하면 의사결정 시 그룹 전체 구성원이 그 목표에 쉽게 동의할 수 있고, 그 상태에서 의사결정 논의를 진행할 수 있다.

또한, 목표를 명확히 하면 일부 기준들도 좀 더 구체적으로 정할 수 있고, 궁극적 목표에 맞지 않는다고 생각되는 대안은 삭제할 수도 있다. 그리고 목표에 따르는 문제점을 제기하기도 하고, 마인드맵을 작성하는 과정에서 그동안 나타나지 않았던 대안이 저절로 떠오르기도 한다.

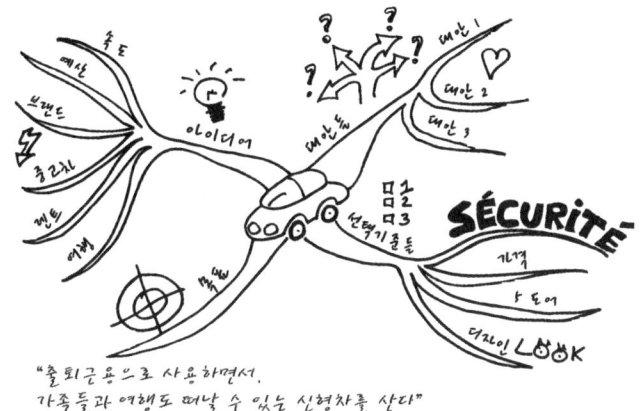

대안 자세히 살펴보기

마인드맵의 공간이 점차 채워지고, 많은 양의 정보가 수집되었다. 이 때 정보들은 사실적 정보인 동시에 개인의 사적인 감정도 들어 있는 것이다. 좀 더 완벽을 기하기 위해, 대안들을 각각 장점과 단점으로 나누어 살펴본다.

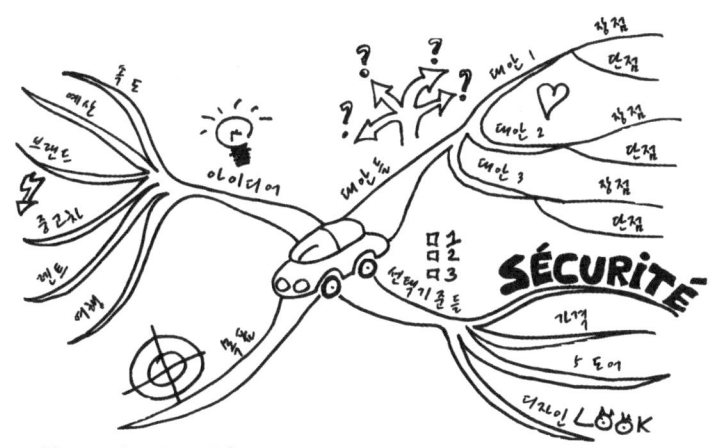

올바른 의사결정 내리기

잠시 쉬면서 기다리기

이 단계까지 왔으면, 마인드맵 작성을 멈추고 잠시 쉬는 것이 가장 좋다. 무의식이 문제에 계속해서 접근하도록 숙성 시간을 주는 것이다. 여기서는 자신의 직감이 핵심 역할을 한다. 직감은 자신 앞에 놓인 또 다른 가능성들을 평가하게 해준다.

이후 마인드맵을 다시 들여다보면 이전까지 안 보였던 새로운 전망이 보이기도 하고, 의사결정 과정 진행 시 보이지 않았던 허점이나 틈 등을 발견할 수도 있다. 그리고 필수 사항들을 충족시키지 못하는 대안 가지는 지워야 할 것이다. 이러한 과정을 통해서 우리는 문제의 복잡성을 줄이고 의사결정 과정을 간결하게 만든다.

의사결정 내리기

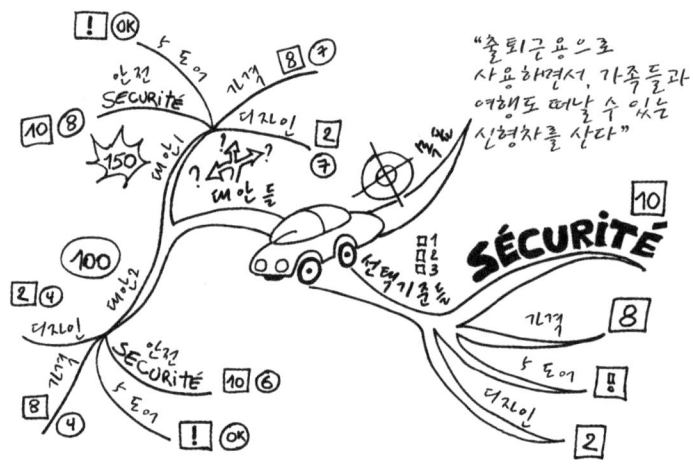

이번에는 올바른 의사결정을 내리기 위해 대안들을 각 기준에 맞추어 보는 순서이다. 물론 추구하는 목표의 방향이 어디인지 항상 기억하고 있어야 한다. 대안마다 각각의 기준을 충족시키는 정도에 따라 점수를 매긴다. 그런 후 각 기준에 따른 점수의 총합계를 내어 가장 높은 총점을 얻은 대안을 채택한다.

논리적으로 타당한지 따져보기

이제 마지막 단계만이 남았다. 이제 시각을 바꾸어 의사결정 과정이 논리적으로 진행되어 왔는지 따져본다. 이렇게 하기 위해서는 채택한 결정을 중심이미지에 놓고 마인드맵을 다시 그린다. 원래 목표와 채택한 결정이 일치하는지 검토한다. 무엇이 보이는가? 우리가 따라온 과정, 해결책 그리고 결과들이 만족스러운가?

여기, 채택된 결정을 종합한 최종 단계의 마인드맵이 그려져 있다.

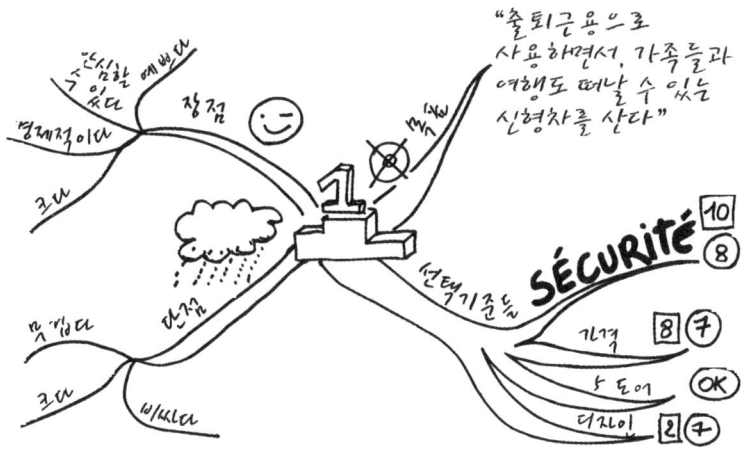

마인드맵에 부가된 가치

마인드맵 덕분에 우리는 직선식 의사결정 방식에서 벗어나 전체적 시야를 가지고 접근할 수 있게 되었다.

마인드맵은 창의적인 방법을 통해 의사결정 과정을 단축시키며, 결정에 필요한 추론의 단계들을 건너뛸 수 있도록 해준다.

> **여기서 잠깐!** 뷔페식당에서 줄을 서서 음식을 고를 때를 생각해보자. 우리는 보통 줄을 따라 여러 가지 음식이 진열된 코너를 차례로 지나치게 된다. 융통성 있는 사람이라면 진열된 많은 음식들 중 자신이 먹고 싶은 음식을 고르기 위해 무작정 앞 사람만을 따라가지는 않을 것이다. 마음에 드는 음식이 있는 코너로 건너뛰면서, 자신의 취향에 따른 식단을 창의적으로 구성할 것이다.

마인드맵은 의사결정 시 생기는 '감정'을 효과적으로 다룰 수 있다. 마인드맵에서 감정적 요소는 결정 과정에서 더 이상 배제되지 않으며 오히려 매우 유용하게 활용된다. 마인드맵에서는 색깔과 이미지, 기호 등으로 감정을 표현한다. 그리고 이런 요소들은 의사결정에 중요한 의미를 부여한다.

실제로 두뇌는 단어보다는 이미지를 훨씬 더 쉽게 받아들인다. 그리고 눈은 변화하는 모든 사항들을 한꺼번에 모아서 볼 수 있는, 매우 놀라운 능력을 가진 지각 기관이다. 일상생활에서 관찰할 수 있는 예를 하나 들어보자. 매일 저녁 텔레비전 뉴스의 일기예보가 딱딱한 기상 수치와 단어들 대신 날씨의 상태를 나타내주는 여러 가지 간단한 표시들과

그림들로 정보를 전달하고 있는 것
을 볼 수 있지 않은가?

　마인드맵은 시각과 공간을 이
용하여 정보들을 한눈에 바로
볼 수 있게 해줌으로써, 의사결정이 빠르게 이루어지도록 도와준다.
　이미 여러 번 언급했지만, 마인드맵은 새로운 세계로 나아가는 장을
열어준다. 인간의 두뇌는 단기 기억 능력에 한계가 있기 때문에, 가능한
모든 변수들을 하나하나 따져볼 수 없다. 하지만 의사결정 마인드맵은
우리가 고려해야 할 모든 상세한 부분들을 놓치지 않으면서도 동시에
체계적인 시각을 가지고 최종 결정에 다다르게 해줄 것이다.
　마인드맵은 복잡한 문제들을 큰 어려움 없이 매끄럽게 이해하는 안목
을 가지게 하고, 의사결정 과정과 채택의 이유를 다른 사람들에게 설명
하는 데 매우 유용하게 쓰일 수 있는 종합적인 도구이다.

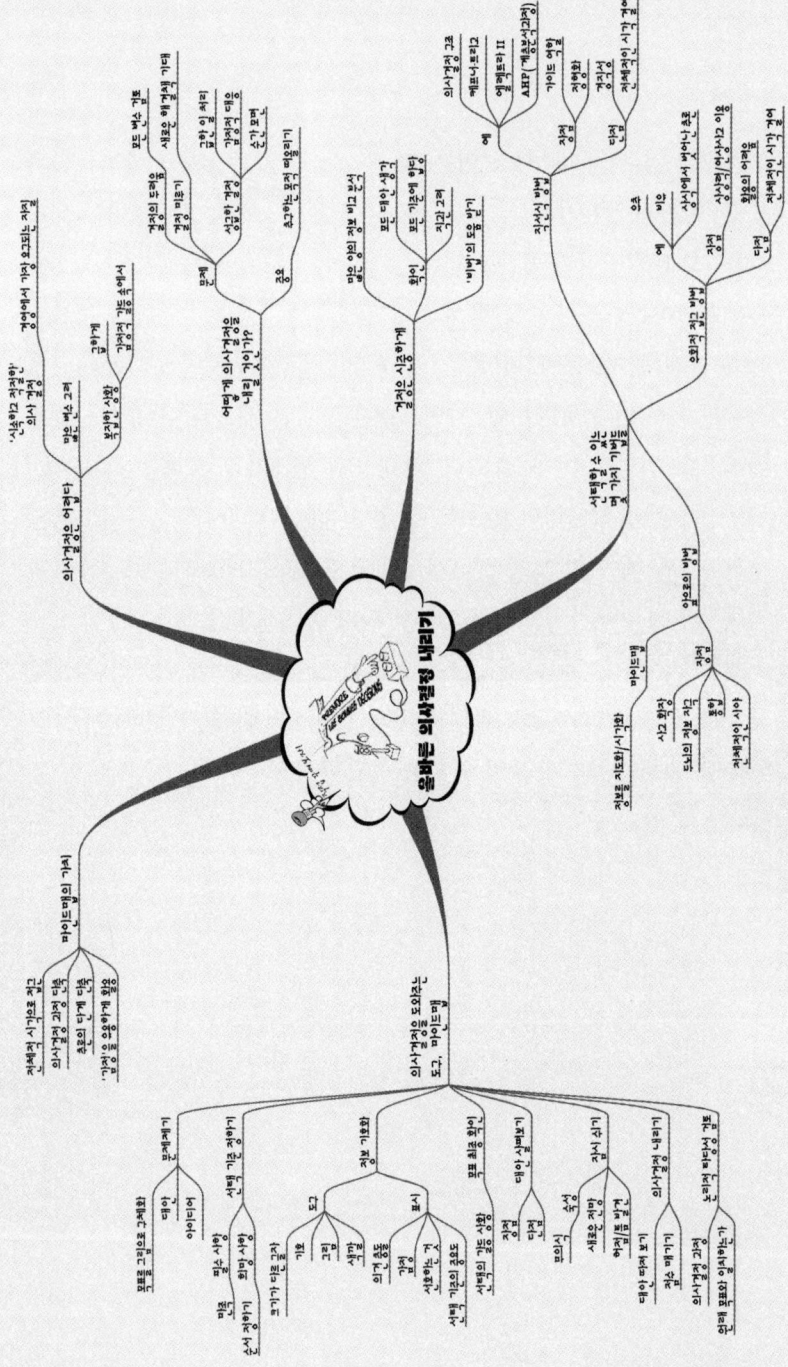

위의 마인드맵을 따라가면서, 지금까지 당신이 읽었던 내용을 되새겨보라.

일상생활에서의 **마인드맵**

MINDMAP

시간을 잘 관리한다는 것은
그가 신중하고 남들에게 공평한 사람이라는 것을
보여주는 증거 중 하나이다.

— 장-자크 세르방-슈라이버[《미국의 도전》(1967)의 저자]

| 이 장의 구성 미리보기 |

자신의 상태를 확인하라

"오늘은 쓸모 있는 일이라곤 하나도 하지 않았어!"
　일주일 동안 얼마나 자주 시간을 낭비하고 있다는 느낌이 드는가? 자신이 초라하게 보인다는 기분이 드는가? 그리고 너무 많은 일을 급하게 처리한다는 느낌을 갖고 살아가고 있지는 않은가?
　더 많은 성공을 위해 노력하며 하루하루를 보내지만, 정작 우리는 첫

바퀴를 돌리는 것과 같은 삶을 반복하고 있다. 빠른 시일 내에 처리해야 할 수많은 일들이 언제나 눈앞에 쌓여 있다. 그 속에서 우리는 어디로 가야 하는지도 모른 채 그저 열심히 페달을 밟고 있다.

그리고 처리해야 할 중요한 일들을 겨우 건드리기만 하고 말았다는 생각에 우리는 그날 하루를 절망감으로 마감한다.

하지만 역설적으로 우리는 더 많은 일을 하고자 하고, 머릿속에서 생겨나는 모든 아이디어들(항상 그다지 적절하지 않은 상황에서 떠오르는)을 활용할 수 있기를 원한다.

결국 우리는 중요한 것과 하찮은 것이 뒤섞인 급한 일들로 언제나 고민하게 된다. 이러한 정신 상태로는 진정 어떤 일부터 시작해야 할지 결정하기가 어렵다.

이런 질문을 던져보자. 장기적으로 보았을 때 현명한 선택이란 무엇인가? 우선순위에 따라 적절히 행동하고 있는가? 직업상의 목표 또는 개인적인 목표를 향해 어디까지 왔는가?

무엇을 해야 하나?

우리는 지금까지 시간이 부족하다고 수도 없이 이야기해왔다. 그리고 일상적인 활동을 좀 더 잘 관리할 수 있는 방법을 찾으려고 부단히 애써왔다.

많은 경우, 경험적인 방식으로 자신의 활동을 관리하는 사람들을 볼 수 있다. 그들은 이미 해야 할 일을 산더미처럼 가지고 있다. 그리고 수시로 새로 생기는 일들을 여기에 더하곤 한다. 그들은 심리적 만족감을

가져다주고 높은 생산성을 보이
는 일들을 선호한다. 컴퓨터 화
면에는 포스트잇 쪽지가 가득 붙
어 있다. 어지러운 사무실은 한
달에 한 번이나 겨우 비서가 정돈
해줄까 말까이다. 산더미 같은
일에 치인 그들은 결국 많은 부
분을 내일로 미루게 된다. 게다

가 예상치 않은 일들에 대처할 여유는 찾아볼 수도 없다.

또 다른 이들은 방어적인 방법을 시도한다. 그들은 전화기가 더 이상 울리지 않고, 새로운 이메일이 더 이상 날아오지 않을 때까지 점점 더 늦게 사무실에 남게 된다. 그들은 일에 집중하기 위해 종종 사무실 문을 닫은 채 일을 한다. 그리고 보고, 듣고, 말하는 것을 피하게 되고 혼자 있는 것을 선호한다.

이런 정도까지 이르게 되면, '시간적 어려움'을 헤쳐나갈 수 있는 효과적인 방책을 찾기 위해 책과 잡지를 읽고 시간 관리 세미나에도 참석해본다. 별로 신통치 않은 결과뿐이지만.

사실 우리에게 부족한 것은 다이어리, 디지털 전자수첩, 시간 관리를 위한 컴퓨터 프로그램, 혹은 그 방면의 수많은 위대한 스승들이 제시하는 행동 관리 방법이나 시스템이 아니다.

물론 이것들은 나름대로 흥미로운 방법이긴 하지만, 우리를 온전히 만족시키지는 못한다.

우리가 진정으로 하고자 하는 것들

- 자기 자신과 남들을 위해 시간 내기
- 중요한 일과 긴급한 일을 구별하기
- 하루 동안 해야 할 일을 파악하고, 이제 그만이라고 말할 수 있기
- 목표에 따라 이미 실현한 일을 시각화해서 나타내기
- 끊임없이 변하는 우선순위들에 효과적으로 대응하기

일상생활 관리를 위한 도구로서의 마인드맵

일상생활을 관리하기 위한 방법 하나를 소개하자면 바로 마인드맵을 활용하는 것이다. 마인드맵은 일상생활을 계획하는 데 가이드 역할을 해줄 것이다. 다음에 제시하는 단계들만 잘 따라서 지켜간다면 매우 쉽게 활용할 수 있다.

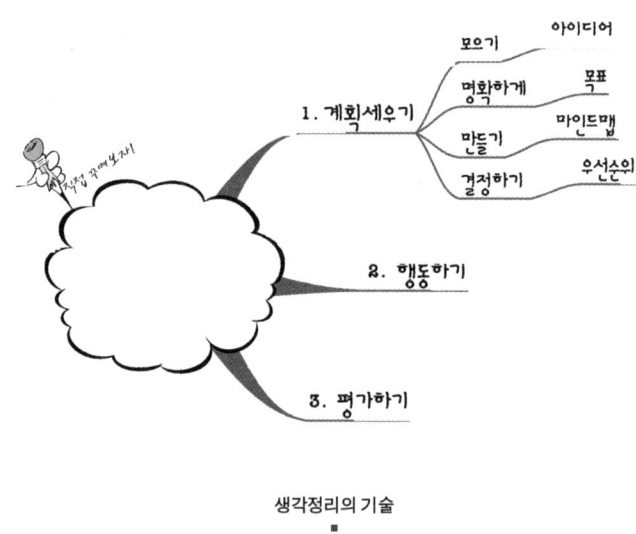

> 피에르(교사) : 많은 사람들이 제게 그렇게 많은 스케줄로 꽉 차 있으면서도 어떻게 그 모든 활동을 다 해낼 수 있는지 묻습니다. 저에게는 이를 가능하게 해주는 두 가지가 있습니다. 하나는 제가 하는 활동의 의미와 존재의 이유를 되새겨보는 것입니다. 그리고 나머지 하나는 하루를 가이드해주는 마인드맵을 가지고 활동을 계획하고 수행하는 것입니다.

계획 세우기

단위를 정해서 시간 계획을 세우는 것은 중요하다. 계획은 한 달, 일주일 혹은 하루 단위로 짤 수 있다. 특히 일주일 단위 계획은 많은 이점을 가져다준다.

- 일주일에 한 번, 새로운 한 주를 시작하기 전에 핵심적인 계획을 차분히 세울 수 있다.
- 하루 만에 끝낼 수 없는 일도 일주일 안에는 충분히 끝낼 수 있다. 정당한 이유를 대고 다음날로 일을 미루는 것이 가능하다.
- 주말에는 지나간 주에 대한 결과를 전반적으로 검토하고 다음 주를 준비할 수 있다.

시간 단위는 자신의 직업과 상황에 맞도록 가끔 다시 정해야 할 필요가 있다(예를 들어, 휴가 기간이 한 달이라면 휴가 기간 동안에는 계획 단위를 일주일보다는 한 달로 잡는 것이 좋다).

아이디어 모으기

아이디어들을 정리하기 위해서는 끊임없는 정신 활동이 요구된다.

두뇌는 '지적 활동'을 멈추지 않으며, 생각의 그물은 우리의 관심사와 이루어야 할 목표에 따라 서로 얽히고 풀린다.

번뜩이는 아이디어는 예기치 않은 상황에서 떠오른다. 때로 멋진 아이디어는 그다지 중요하지 않은 아이디어들이 순간적으로 결합했을 때 만들어진다.

샤워하는 동안, 차를 운전하는 동안, 침대 속에서, 운동을 하다가, 마당의 잔디를 깎다가 갑자기 멋진 생각이 떠오른 적이 있을 것이다. 마음이 한층 여유로운 어떤 상황에서 말이다.

머릿속에서 아이디어가 떠오르는 순간에 그것을 놓치지 않고 자기 것으로 움켜쥐는 것, 이 사소한 행동이 큰 차이를 만든다.

여기, 상상력의 결실을 모아둘 수 있는 방법이 있다.

- 블록 노트(네모 칸 쳐진 노트)
- 그림 노트(완벽한 그림을 그리기 위해서가 아니라 아이디어의 싹이나 핵심 생각을 모아두기 위해)
- 실용적인 작업 노트(줄이나 모눈이 인쇄된 종이와 백지가 번갈아 들어 있는 노트)

- 가정, 팀, 프로젝트 XYZ 등 목적을 표시한 로고를 그려 넣은 두꺼운 종이로 만든 카드 뭉치
- 목적에 따라 아이디어들을 정리하기 위한 색깔별 색인
- 녹음기
- 음성 메시지 : 메모를 할 여건이 되지 않을 때 전화의 음성 사서함에 아이디어들을 녹음한다.
- 사진기
- 포스트잇
- 계획용 수첩
- PDA 등 소형 디지털 기기
- 문서작업 프로그램(아이디어를 분류하고 중요도를 정하기 위해)
- 마인드맵매니저나 컨셉리더, ThinkGraph 혹은 The Brain, Thinkwise, Genieware 같은 소프트웨어 프로그램
- 식당의 종이 냅킨
- 30초 동안 음성 메일을 담을 수 있는 칩이 달린 새해 카드
- 여행 중이라면 : 미리 집 주소를 적은 엽서(멋진 아이디어들이 떠오를 때마다 엽서에 적어 집으로 보낼 것)

목표를 명확히 하기

여기에서는 설정된 목표에 맞게 행동하는 것이 가장 중요하다. 이렇게 하기 위해서는 일단 목표에 익숙해져야 하며 일상생활에 맞추어 손질해야 한다(목표를 정의하는 방법에 대해 자세히 알고 싶은 독자는 2장 참조).

뒤죽박죽 쌓여 있는 모든 아이디어들이 마인드맵을 준비하기 위한 도구이다.

우선 연습장에 목록을 만든다. 키워드(핵심어)에 동그라미를 치거나 아이디어 간의 관계를 표시할 수 있는 작은 그림을 그린다. 또한 주요 관심사에 따라 중요한 아이디어들을 좀 더 명확하게 보이도록 표시하는 것도 매우 좋은 방법이다.

이렇게 만든 목록은 목표를 명확히 하는 데 절대적인 도움을 준다.

간략하게나마 목록이 준비되면, 마인드맵을 만드는 과정으로 넘어갈 수 있다.

마인드맵 만들기

종이 한 가운데에 마인드맵의 중심이미지를 그려 해당 주일 수(예를 들어 34주, 52주 등)를 적는다. 이렇게 하면 다음에 작성할 문서들을 정리하는 데 도움이 된다.

> 장-뤽(온라인 커뮤니케이션 매니저): "나는 줄 쳐진 종이와 백지가 번갈아 들어 있는 수첩을 사용합니다. 백지에는 마인드맵을 그리고 줄 쳐진 종이에는 일상적인 메모를 하거나 아이디어들을 적어놓습니다. 그런 후 이 수첩들을 시간 순으로 분류해서 보관한 다음, 일 년 내내 필요할 때마다 꺼내어 사용합니다."

중심이미지에서 출발하여 마인드맵의 주가지를 그린다. 이 가지들은 자신의 활동이나 목표에 따라 선택된 것이다.

아래의 마인드맵 예에서는 연락, 활동 그리고 여행을 주가지로 뽑아 보았다.

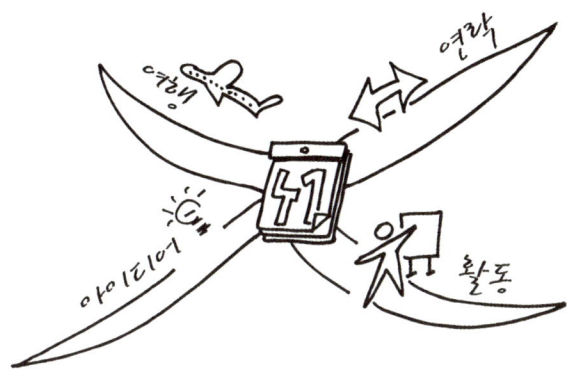

마인드맵과 함께 일상을 꾸려나가면, 자신이 선호하는 주가지들이 무엇인지 확인할 수 있다. 이 가지들은 이정표이며 일을 할 때 전체를 조망할 수 있도록 해준다.

마인드맵을 만들 때 주가지들의 위치와 마찬가지로 사용하는 색깔에도 각각 의미를 부여해보자.

◎)) 여기서 잠깐! '아이디어'라고 적혀 있는 가지는 현재로서는 주가지에 활용할 수 없는 아이디어들을 저장하는 보관소이다. 하지만 일단 마인드맵을 실제로 활용하기 시작하면 이 아이디어들은 중요한 자료가 될 수 있다. 그리고 가지를 몇 개 더 덧붙일 경우를 대비하여 빈 공간을 남겨두라. 변화와 새로운 기회에 대해 열린 마음을 갖도록 해야 한다.

다음 단계는 그 주의 목표와 해야 할 일의 내용으로 가지를 완성하는 것이다.

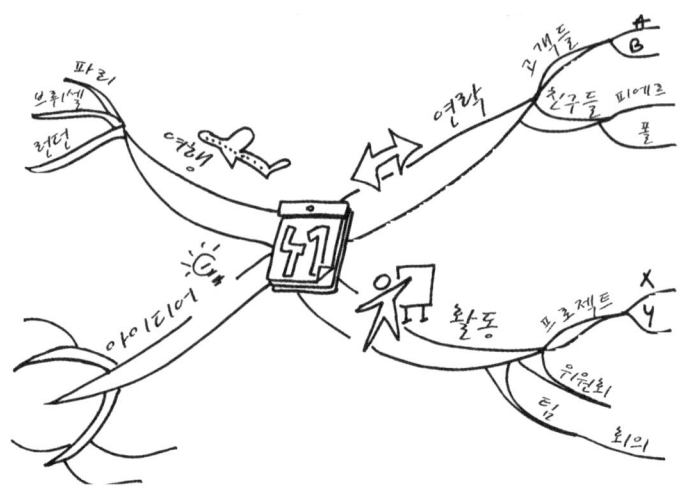

이제 마인드맵이 준비되었다.

우리의 눈앞에는 다음 주를 위한 시각화된 계획서가 놓여 있다. 우리는 이 계획서를 완전히 신뢰할 수 있다. 왜냐하면, 이 마인드맵에 끝마쳐야 할 중요하고도 꼭 필요한 임무들이 모두 표시되어 있기 때문이다.

우선순위 정하기

계획을 세우는 것은 두 개의 형광펜으로 간단하게 할 수 있다. 분홍색은 중요한 일을, 노란색은 긴급한 일을 표시한다.

하루를 시작할 때, 그날 꼭 끝마쳐야 할 일들에만 밑줄을 긋는다.

행동에 옮기기

밑줄 친 일들에만 집중하자. 나머지 일들은 나중에 신경 써도 된다.

단지 오늘 해야 할 일에만 모든 관심을 쏟을 때 마음은 한결 여유로워질 것이다.

하나의 일이 끝나면 그 위에 나머지 다른 색으로 밑줄을 긋자(분홍에는 노랑, 노랑에는 분홍). 분홍과 노란색 밑줄 대신 예쁜 오렌지색 밑줄이 새로 만들어진다.

하나하나 일을 마칠 때마다 마인드맵은 점차 오렌지색 밑줄로 가득 채워질 것이다.

하루가 끝날 무렵에 결산을 해보자. 그날 이룬 것에 대해 성취감을 맛보고 내일 해야 할 중요한 사항들을 다시 검토해본다.

평가하기

한 주가 지나갔다. 성취한 일들을 조용히 검토해볼 시간을 미리 마련한다.

계획한 내용을 다시 한 번 점검해보고, 목표에 얼마나 다가갔는지 살펴본다. 이 순간은 이제까지 계획에 맞추어 이룬 일들을 분석해보는 매우 중요한 시간이다.

이러한 평가에는 자신이 일하는 방식에 맞추어 다음 한 주의 계획을 설정하고자 하는 목적도 있다. 즉 새로운 가지들을 추가할 것이 있는지 확인하고, 핵심 목표들을 다시 명확히 하는 것이다.

마인드맵에 부가된 가치

일상생활에 활용하는 마인드맵은 매우 간단하며 마치 놀이 도구처럼 보일 수 있다. 그러나 이것은 중요한 가치를 지닌다. 마인드맵을 생활화하다 보면 당신은 목표를 향해 나아가는 도중에 어느 사이엔가 자신감이 충만한 채 발전해가는 스스로를 발견하게 될 것이다.

일상적인 일들의 우선순위를 명확히 하고 계획하는 데 마인드맵이란 존재는 없어서는 안 될 '동반자'이다.

일단 마인드맵을 다 만들어놓으면, 마인드맵을 완성했다는 데서 오는 뿌듯함이 자기 관리를 제대로 하고 있다는 자신감을 불러일으킨다.

또한 전체를 바라보는 시각 능력을 갖게 되어 활동 전반을 파악할 수 있다. 이렇게 마인드맵을 하다 보면 복잡한 일들이 어떻게 서로 연계되어 있는지 그 관계가 명확히 파악되는 날이 온다.

> 장-뤽 : 마드맵을 사용한 이후로 마인드맵이 업무에 명확한 시각을 제시해준다는 것을 알게 되어 그 다음부터 이 방법을 애용하게 되었지요. 저는 마침내 간편하고도 이상적인 도구(메모 수첩, 연필, 그리고 밑줄용 형광펜)를 찾아내었고 그것을 항상 가지고 다닙니다. 이것은 일상에서 수시로 겪는 변화에 대처하기 위해 새로 세우는 목표나 방법들을 필요에 따라 그때그때 추가로 집어넣을 수 있는 열려 있는 도구입니다.

대부분의 업무 관리 도구들에 비해 마인드맵은 비용이 거의 들지 않는다. 몇 장의 종이와 필기도구만 있으면 그것으로 충분하다.

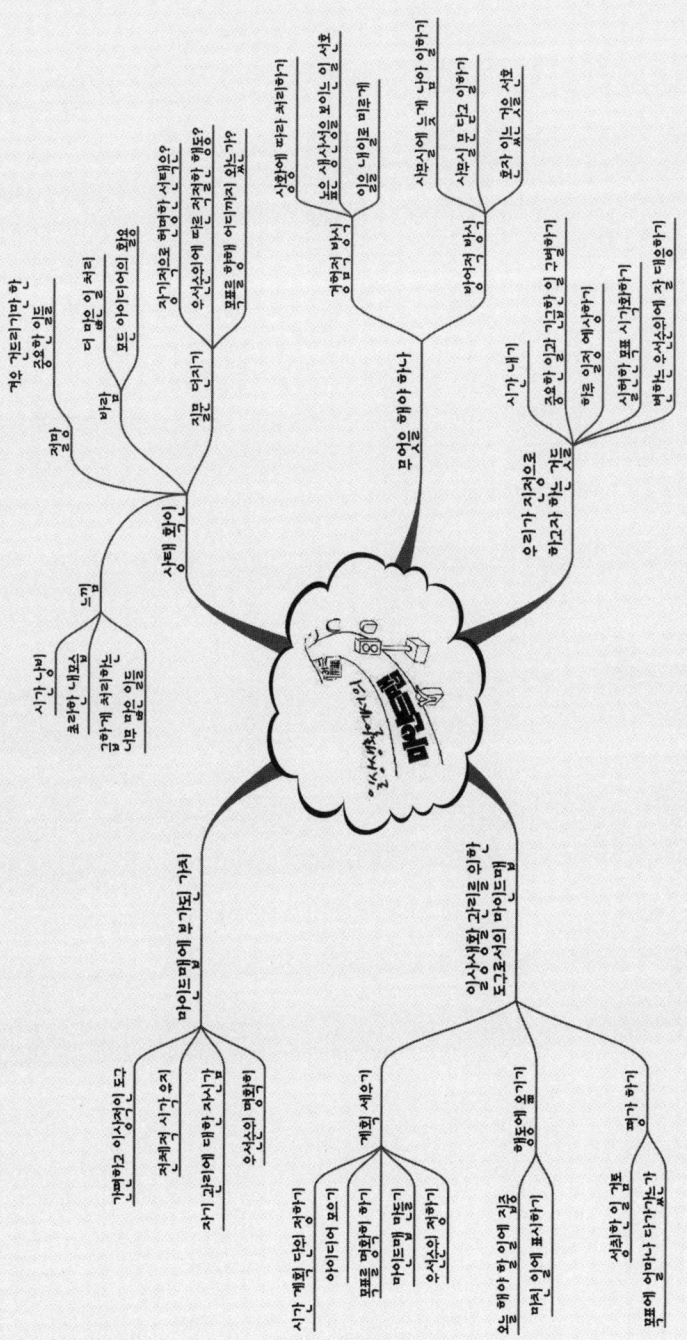

위의 마인드맵을 따라가면서, 지금까지 당신이 읽었던 내용을 되새겨보라.

혁신적인 메모의 기술

쓰는 것과 아는 것은 다른 것이다.
쓰는 것은 아는 것의 사진일 뿐, 앎 자체는 아니다.
— 티에르노 보카르(아프리카의 현자)

| 이 장의 구성 미리보기 |

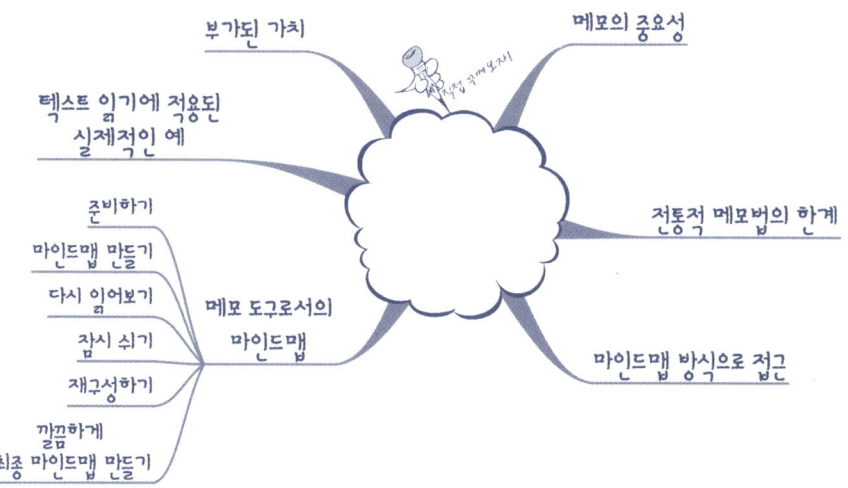

메모의 중요성

캐나다 퀘벡 주^州 라발 대학에서는 메모에 대해 다음과 같이 정의하고 있다.

"정보를 수집하여, 정리하고 줄임으로써 핵심만을 간직하게 해주는, 효과적이고 경제적이며 지적인 방법(http://www.ulaval.ca/dgfc/guide/g4.html)."

같은 입장에서 브루노 마르티네와 이브-미쉘 마르티는 경제적 지능에 대해 쓴 그들의 저작에서 다음과 같은 사실을 환기시킨다. 즉, 기록도 녹음도 안 된 대부분의 '비공식' 정보들을 "회사의 의사결정자들은 쓸모 있다고 판단한다. 이에 반해, 공론화된 정보들은 그 중 일부만이 인정을 받을 뿐이다."(브루노 마르티네, 이브-미쉘 마르티,《경제적 지능, 어떻게 정보에 경쟁적 가치를 부여할 것인가?》, 오르가니자시옹 출판사, 2001, p.31)

이것은 메모가 경영인들에게 있어서 중요한 수단이라는 것을 말하고 있다. 실제로 메모의 기술에 대한 풍부한 문서 자료가 존재한다. 하지만 역설적이게도 대부분 메모를 효과적으로 하기(어떻게 약자를 쓸 것인가 등에 관한)에 대해 다룰 뿐, 효과적인 메모 기술에 대한 것은 거의 없다.

사실 우리들 중 자신의 메모를 다시 읽는 데 어려움을 겪지 않거나, 적어놓은 메모의 의미를 파악하기 위해 사람들과 대화했을 당시의 상황을 수월하게 떠올릴 수 있는 이가 몇이나 될까?

우리는 다음과 같은 것들을 원한다.

- 중요한 정보를 놓치지 않기
- 암호 해독을 하고 있다는 느낌 없이 메모를 손쉽게 다시 읽기
- 메모하는 것보다 듣는 데 더 많은 시간 할애하기
- 결과 보고서 쓰는 데 시간 덜 들이기 등등

이 장에서 우리는 이와 같은 기대에 대한 대답을 마인드맵을 통해 얻게 될 것이다. 그러나 들어가기에 앞서, 다음의 예비 실험을 한번 테스트해보자. 이것은 아래에 쓰인 간단한 한글 철자를 1분 안에 모두 외우기만 하면 된다. 준비되었는가? 시계를 맞춰놓고 시작!

의	하	기	쉽	을
미	면	가	다	외
를	기	훨	이	웠
부	억	씬	문	는
여	하	더	장	가

1분이 벌써 지났는가? 이 테스트에 대해서는 조금 후에 다시 이야기하도록 하자.

전통적 메모법의 한계

어린 시절 우리는 학교에서 체계화된 지식을 갖춘 선생님한테서 받아쓰기를 하며 쓰는 법을 배웠다. 우리들 중 대부분은 일단 어른이 된 후에도 학교 시절 그럭저럭 잘 써먹었던 방식을 무의식적으로 계속 쓰고 있다. 즉, '잊어버릴까 봐 두렵기 때문에 일단 쓸 수 있는 것은 다 써놓고, 나중에 집에 가서 복습할 때 써놓은 것을 다시 이해하려고 노력하는 것'이 그것이다.

하지만 이 방법은 다음과 같은 이중의 노력을 들여야 한다.

- 다듬어지지 않은 정보를 가능한 많이 적어두기 — 스스로의 기억력을 불신하기 때문에(들은 정보를 잊어버릴까 봐 두려워서)
- 적어 둔 메모 해독하기 — 시간이 지난 후, 활용해야 할 일이 생겼을 때 (자신이 직접 쓴 메모를 못 알아보겠다고 불평하는 사람을 한 번도 본 적 없는 사람이 과연 있을까?)

마인드맵 방식으로 접근하라

여태까지의 메모 방식과는 달리, 마인드맵 형식에 따른 메모(이하 마인드맵 메모)는 일단 '들은 것을 이해' 하는 것이 먼저이다. 이는 마인드맵에 적절한 키워드(핵심어)를 뽑아 넣고 이미지를 그려 넣기 위해서는 이해가 선행되어야만 하기 때문이다.

우선, 이전 메모 방식과는 달리 '이해한 뒤에 메모한다' 는 것은 마인드맵식 메모에 쉽게 적응하기 위한 최소한의 노력이다. 사실 의미를 알 수 있는 정보는 기억하기가 더 수월하다. 예를 들어, 방금 전의 테스트에서 당신이 왼쪽에서부터 세로 방향으로 글자를 읽어야 한다는 것을 이해했다면 '의미를 부여하면 기억하기가 훨씬 더 쉽다 이 문장을 외웠는가' 라고 적혀 있는 이 문장을 어려움 없이 외울 수 있었을 것이다.

다음으로 시간의 순서대로 생각하는 방식을 잠정적으로 중단하라. 그렇게 하면 아이디어들은 대화나 강의의 흐름에 의해서가 아니라 우리 자신의 머릿속에서 자체적으로 다시 정리되고 조직화된다. 그래서 다음과 같은 여유를 얻을 수 있다.

- 더 많은 정보를 적을 수 있는 여유 — 보고 들은 정보뿐 아니라 정보를 접함과

동시에 떠오른 자신의 생각과 느낌까지도 파악할 수 있다[일대일 대면을 할 때 주고 받는 메시지의 90%가 비언어임을 기억할 것—얼굴 표정, 태도, 억양 등 (크리스티앙 그릴리에, 《상식 경영》 제2판, 파리, 뒤노드, 2003, p.133)]. 게다가 대화가 진행되는 동안 내용을 논리적으로 이해하기 위해 몇몇 대화를 무시하고 건너뛸 필요가 없다. 사실, 대화를 나누는 상대방이 무의식적으로 내뱉는 독백이나 여담에서 보물 같은 정보를 얻게 되는 경우도 많다.

- 주제에 대해 좀 더 비판적일 수 있는 여유 — 반드시 논의가 진행된 순서대로 내용을 따라갈 필요는 없다. 남들과는 다르게 정보를 재정리하면서, 그들과는 다른 관점에서 볼 수 있는 기회를 가지게 된다.
- 전체적 구조가 잘 짜인 종합 정리를 완벽하게, 그리고 즉시 할 수 있는 여유 — 아이디어들은 실시간으로 정리되고, 이 모든 아이디어들은 한 페이지 안에 다 들어간다.
- 진행되고 있는 회의를 이끌어가거나 따라갈 수 있는 여유—다루어야 할 안건들을 간단히 적은 마인드맵을 준비해 가서, 회의 도중 그때그때 논의되는 내용을 채워 넣는다. 또한 마인드맵의 빈 가지에서 힌트를 얻은 질문을 통해서 대화의 방향을 이끌어갈 수 있다. 이렇게 해서 끝날 때쯤이면 회의 진행자가 오히려 당신에게 '요리 당했다'는 느낌을 받을 것이다. 당신이 회의의 방향을 이끌어가는 주도자가 되는 것이다.

메모 도구로서의 마인드맵

키워드(핵심어)를 사용하여 효율적인 메모를 할 수는 있지만, 이것이 꼭 효과적인 메모를 하게 되었음을 의미하는 것은 아니다.

다음에서 제시하는 방법이나 1장에서 얘기한 페레르브 방법을 활용하면 더욱더 효과적인 메모를 할 수 있게 된다.

준비하기

운동선수가 경기 시작 전에 컨디션 조절에 들어가듯, 메모하는 것 또한 육체적 준비와 마음의 준비를 할 필요가 있다.

육체적 준비란 우리가 쓸 도구(연필은 깎아져 있는지, 종이는 깨끗한지, 형광펜은 제대로 나오는지)를 확인해보고, 가능한 편안하다고 느껴지는 장소에 자리 잡는 것이다.

◎ 여기서 잠깐! 회의 시간에 어떤 사람들은 회의 상대자를 잘 보기 위해 일부러 조명을 등지고 앉는다. 또 어떤 사람들은 의사결정에 있어 영향력을 더 잘 미칠 수 있다고 여기는 상대편의 왼쪽 자리(이는 과학적으로 증명된 사실이다.)에 앉는다. 이렇게 하지는 않더라도, 적어도 자신의 메모를 나중에 다시 쉽게 읽을 수 있도록 주위 상황에 신경을 쓰는 것이 좋다.

마음의 준비는 정보가 어디에서 나올 것인가(강의, 회의 등)에 따라 다르지만 기본 마인드는 항상 동일하다. 즉, 좀 더 많은 정보를 받아들이기 위해 질문을 할 준비가 되어 있어야 한다.

◎ 여기서 잠깐! 자동차를 새로 구입한 날, 갑자기 같은 차종이 거리에 넘쳐난다는 사실을 깨닫지 않는가? 그것도 같은 색깔의 동일한 모델이 말이다. 아니면, 우리 가정에 아이가 생길 것이라는 행복한 소식을 접한 순간 거리에 유모차를 끌고 가는 사람들이 평소보다 더 자주 보인다는 느낌이 들지 않았는가?

질문을 할 준비를 갖추려면 어떻게 해야 하는가? 답은 간단하다. 스스로에게 질문을 던지면 된다.

- 주제에 대해 무엇을 알고 있는가? (나와 만날 약속을 잡은 회사에 대해, 신문 기사나 메시지에 대해서 등)
- 무엇을 얻고자 하는가? (회의 시간 동안에, 강의 시간 동안에, 독서를 통해서 등)

위의 질문에 대한 대답은 메모 단계 이전에라도 마인드맵의 가지를 정하는 일에 많은 도움이 될 것이다.

◎ 여기서 잠깐! 방문할 회사의 인터넷 사이트나 영업용 팸플릿을 미리 보고 가는 것은 회의를 준비하는 아주 적절한 방법이다. 또 기자들이 일반적으로 쓰는 육하원칙(누가? 무엇을? 언제? 어디서? 어떻게? 왜?)을 이용할 수도 있다. 잘 작성된 신문 기사는 이 6가지 질문에 대한 대답을 모두 담고 있다.

일단 질문할 준비가 되었다는 것은 낚싯줄 끝에 미끼를 매달고 잡아당길 준비를 하는 낚시꾼이 되었다는 것과 마찬가지이다. 의미 있게 다가오는 중요한 정보들을 최대한 캐치할 줄 알아야 한다. 이것을 요약해주는 다음과 같은 크리스티앙 글리에의 어구가 있다. "준비가 됐다는 것은 미리 피할 준비가 됐다는 것이다." (앞의 같은 책 p.72. 불어에서의 être préparé 준비되다 와 êtré pret paré 피할 준비가 되다 의 발음이 거의 비슷함.)

마인드맵 만들기(가지 그리기)

마인드맵을 만들 줄 안다는 것, 그것은 이미 메모를 효과적으로 할 줄 안다는 의미도 된다. 사실 메모(핵심 아이디어 끄집어내기, 능동적으로 듣는 연습하기, 알아볼 수 있게 글쓰기 등)를 하면 자연스레 마인드맵을 잘 하기 위한 준비를 하는 것과 마찬가지이다.

처음부터 보기 좋은 마인드맵을 그리려고 애쓸 필요는 없다. 키워드와 이미지들이 머릿속에 최대한 떠오르는 정도에서 연습장에 차근차근 적어놓는 것만으로도 충분하다. 그렇게 하면 마지막에는 제대로 된 마인드맵의 모양이 나타나게 될 것이다.

마인드맵식 메모는 일상적인 일이나 참고 사항들도 한꺼번에 놓고 볼 수 있다. 마인드맵 상에 도표, 리스트, 인용구, 참고 서적 목록을 첨부해도 좋다. 예를 들어, 낸시 마르귈리스가 그녀의 멋진 책《맵핑 이너 스페이스$^{Mapping\ Inner\ Space}$》(제피르 출판사, 2002)에서 제시한 바와 같이 풍선 모양을 이용하거나, 아니면 일반 서적에서 볼 수 있듯이 마인드맵의 아랫단에 이러한 것들을 표시하거나 적절한 공간에 첨부해놓으면 된다.

다시 읽어보기

마인드맵 메모를 마치자마자 다시 읽어보고, 메모 도중 미처 쓸 시간이 없었던 정보들이 생각나면 마인드맵에 채워 넣어 완성시킨다. 특히 회의나 컨퍼런스 도중 메모를 해야 한다는 의무감 때문에 받았던 스트레스가 일단 사라지면, 기억들이 다시 살아나기 때문에 마인드맵을 다시 읽어보는 것은 매우 중요하다고 하겠다.

잠시 쉬면서 기다리기

'쉬는 게 상책'이라는 말이 있다. 이는 오랫동안 방치하라는 뜻이 아니다. 잠시 마인드맵을 한쪽 구석에 놓아두고, 다른 일을 하자. 우리가 지금까지 보아왔던 모든 정보들을 우리의 뇌가 '소화시킬' 시간을 주는 것이다.

회사 사무실에서 하루의 대부분을 골치 아픈 문제 때문에 고민하다가 더 이상 이 문제에 대해 생각할 여력이 없어져서 집으로 가는 길에 갑자기 문제의 해결책이 번뜩 떠오른 적이 없었는가?

> 위대한 과학의 진보는 힘겨운 연구 뒤에 잠시 갖는 휴식 때 이루어지는 경우가 종종 있다. 이미 서문에서 언급한 알버트 아인슈타인은 한줄기 빛 위에 앉아 있는 상상을 한 덕택에 상대성 원리를 발견하게 되었다. 케쿨레 August Kekulé(1829~1896, 독일의 유기화학자 _옮긴이)는 난로 앞에서 조는 도중 뱀이 자신의 꼬리를 물고 있는 꿈을 꾼 뒤 벤젠의 분자 구조를 이해하게 되었다 (폴 바츨라윅, 《변화의 언어》, 쇠이유 출판사, 파리, 1980, p.26). 졸고 있는 뉴턴과 그의 사과에 대한 이야기는 너무나도 유명해서 굳이 말하지 않아도 될 것이다.

재구성하기

위에서 말한 대로 잠시 휴식을 취한 후, 마인드맵의 중요한 포인트들을 색깔로 명확히 표시한다. 비슷한 아이디어들은 화살표나 상징 기호들을 이용해 같은 그룹으로 묶는다. 또한 쉽게 눈에 들어오도록 그림들을 그려 넣는다. 간단히 말해, 이 과정은 정보들을 자신의 것으로 만들기 위하여 이해하기 쉽게 변형시키는 것이라고 보면 된다.

◎ 여기서 잠깐! 이 단계는 마인드맵 소프트웨어 프로그램(8장 참조)을 사용하면 훨씬 간단하게 이루어질 수 있다. 마인드맵 소프트웨어를 사용하면 재구성이 편리하기 때문이다.

깔끔하게 최종 마인드맵 그리기

재구성 단계에서 생긴 모든 변동 사항들을 적용하여 우선 수첩에 간단히 마인드맵을 스케치한다.

일단 마인드맵이 그려지면, 그것을 자신의 것으로 확실히 익히기 위해 다시 읽어본다. 이 단계는 많은 사람들 앞에서 연설을 해야 할 경우 특히 유용하다. 간단하게 연설을 해보면서 동시에 마인드맵을 머릿속에서 시각화하면 확고한 자신감을 얻게 된다.

텍스트 읽기에 적용된 실제 예

이제 위에서 살펴본 진행 과정을 간단한 신문 기사나 두꺼운 서류와 같은 텍스트를 분석하는 데 적용해보자. 이때 텍스트에 따라 분석 과정은 위의 순서와 약간 달리할 수 있다.

앞에서 언급한 바와 같이 실제로 의사결정자들에게는 비공식 정보들이 더 유용하게 쓰인다. 그런데도 굳이 글로 된 텍스트를 다루려는 이유는 어찌됐든 간에 기업에서는 문서가 가장 중요한 부분을 차지하고 있으며, 사람들은 대화보다는 글로 표현하는 데 더 어려움을 느끼기 때문이다.

준비

텍스트를 읽는 이유는 여러 가지이다. 읽어야만 하기 때문에, 필요해서, 아니면 그냥 읽고 싶어서 등등. 어떤 경우든지 일단 텍스트를 읽게 되면 읽는 목표(왜 이 텍스트를 읽는가?)를 명확히 하는 것부터 시작한다.

⊙ 반짝 아이디어! 신문이나 잡지의 논설을 읽게 되면 먼저 그 글의 표제, 부제와 요약문, 소제목들, 도입부와 결론을 읽어라. 책의 경우에는 표지에서부터 네 번째 페이지 정도를 쭉 훑어 읽고, 키워드를 찾기 위해 목차와 색인을 살펴본 뒤, 관심을 끄는 장의 처음과 끝부분을 건너뛰며 읽는다. 이어서 주의 깊게 읽어야 할 부분이라고 판단되는 장은 포스트잇으로 표시를 해놓는다.

다음으로 자신에게 주어진 상황을 고려하여 책을 읽는 데 쓸 수 있는 시간을 계산해본다. 이것은 읽기 전략(어떻게 주어진 시간 안에 읽을 것인가?)을 설정하도록 해준다.

일단 목표들이 확실해지면, 준비 단계의 마인드맵에 그것을 적어놓는다. 다음으로 책에서 다루고 있는 주제에 대해 자신이 이미 알고 있던 지식을 마인드맵에 담는다. 이렇게 하면 두뇌는 이미 알고 있던 지식들과 책에 담겨 있는 새로운 정보들을 적절히 어우러지게 하여 책의 내용을 쉽게 이해하게 해준다.

끝으로 책을 통해 자신이 얻고자 하는 바를 마인드맵에 표현한다. 그러면 이제 질문을 던질 준비가 다 되었다.

읽기와 마인드맵 만들기

앞서 준비가 된 마인드맵을 옆에 놓는다. 이제 텍스트를 두 방법으로 나누어서 읽도록 한다.

- 선택하여 읽기 — 마인드맵의 골격을 짜는 데 쓰일 핵심 아이디어(중심 생각)들을 정할 수 있다.
- 자세히 읽기 — '선택하여 읽기'를 통해 만들어진 골격에 메모의 필요성이 있는 정보들을 덧붙여 마인드맵을 완성한다.

선택하여 읽기

텍스트를 재빨리 훑으면서 종이 한구석에 찾아낸 키워드와 핵심 아이디어(중심 생각)들을 적어 넣는다. 키워드란 독서 목표와 책에서 알고자 하는 바를 기준으로 중요하다고 생각되는 표현을 말하는데, 이것은 우리가 이미 알고 있는 것일 수도 있고 전혀 모르고 있던 새로운 것일 수도 있다.

이렇게 정리한 리스트를 가지고 마인드맵의 주가지를 만든다.

자세하게 읽기

텍스트를 자세히 읽어본 후, 우선 모양새는 신경 쓰지 말고 마인드맵을 완성한다. 중요한 것은 마인드맵 속에 담긴 내용이다. 그럴싸한 진짜 모양새는 읽기의 마지막 단계에 확실히 나타나게 된다.

잠시 쉬면서 기다리기

읽기를 마쳤다면 다음 단계로 넘어가기 전에 잠시 휴식을 취하는 것이 좋다. 준비 단계와 기본적인 내용 분석 과정 덕분에 25% 정도의 시간을 번 셈이니 쉬는 시간을 아까워할 필요가 없다.

재구성하기

말할 것도 없이 재구성 단계가 가장 흥미롭다. 왜냐하면 이 단계에 이르면 텍스트 원본과 거리를 둘 수 있어서 원본 저자와는 다른 관점에서 책의 전체 내용을 바라볼 수 있기 때문이다.

마인드맵 깔끔하게 다시 그리기

마인드맵의 최종 단계는 특별히 언급할 필요가 없을 것 같다. 전 단계까지의 모든 변동 사항들을 고려하여 말 그대로 깔끔하게 마인드맵을 마무리하면 되기 때문이다.

다시 읽어보기

1장의 페레르브 방법에서 제시한 것처럼, 다 그린 마인드맵을 들여다보며 찬찬히 생각하는 것을 귀찮아해서는 안 된다. 쓸데없는 짓처럼 보일지 모르나, 이를 통해 마인드맵의 중요한 내용들을 외울 수 있다. 또한 찬찬히 다시 읽어보면 인터뷰나 회의가 어떻게 진행되었는지 정확히 되돌아볼 수 있고, 그 결과를 냉철하게 분석할 수도 있다.

센스 만점 아이디어

여기 1장에서 소개한 마인드맵을 적극적으로 활용하는 사람들이 제시한 몇 가지 '비법'이 있다.

- 2~3시간 동안 진행되는 회의에서 교환되는 정보들을 모두 담는 데에는 일반적으로 A4 용지 한 장이면 충분하다. 좀 더 시간이 길어지는 회의(세미나 등) 같은 경우는 A3 용지를 준비해서 '페이지 가장자리 신드롬(매핑 공간이 모자랄까 봐 가지를 그려 넣는 데 어려움을 겪는 것)'을 피하도록 하자.
- 주가지는 60° 간격으로 그리는 것을 원칙으로 한다. 메모를 하는 동안 최대한의 공간을 확보하기 위해서이다. 부가지는 평균 3~4개 정도로 이루어지므로 첫 번째 가지의 위치를 잡을 때는 이미 네 개의 가지가 그려져 있다고 생각하고, 제일 위쪽에서부터 시작한다.
- 스케치를 할 백지 수첩의 오른쪽 페이지에는 마인드맵을 그리고, 왼편에는 그 밖에 보충할 정보-도표나 인용구, 참고 서적 등-를 적는다(물론 성향에 따라 그 반대라도 상관없다).
- 실시간으로 메모하는 습관을 들이기 위해서는, 우선 인터넷을 통해 각종 교육 프로그램을 시청하는 것부터 시작하라. 인터넷을 통해 동영상 강좌를 시청할 때는 필요시 '일시 정지'를 누름으로써 속도를 조절할 수 있기 때문이다. 다음으로, 전화상의 회의를 통해 메모하는 연습을 한다. 이것은 마인드맵에서 눈을 뗄 필요가 없기 때문에 초보 단계에서 도움이 된다.

마인드맵에 부가된 가치

마인드맵으로 메모를 하면 일반적인 메모처럼 정보를 시간 순으로 인식할 수 있을 뿐더러 자신의 개성에 맞춰 정보 전체를 받아들이게 된다.

마인드맵 작성 기법에서 중요한 것은 키워드를 적기 전에 먼저 이해하는 것이다. 이런 원칙에 따라, 정보는 실시간으로 구성될 수 있으며 즉시 기억될 수 있다.

이를 통해 얻게 되는 이득은 크게 두 가지이다.

- 시간 절약 — 마인드맵을 사용하면 보고서를 쓰는 데 걸리는 시간의 30~50%를 줄일 수 있다. 또 회의 종반에 종합 마인드맵을 만들면 회의 결과를 따로 정리하느라 시간을 쓸 필요가 없다.
- 기대보다 더 많은 정보 수집 — 능동적인 듣기와 향상된 기억력 덕택에 회의에서 훨씬 더 많은 정보를 얻게 된다.

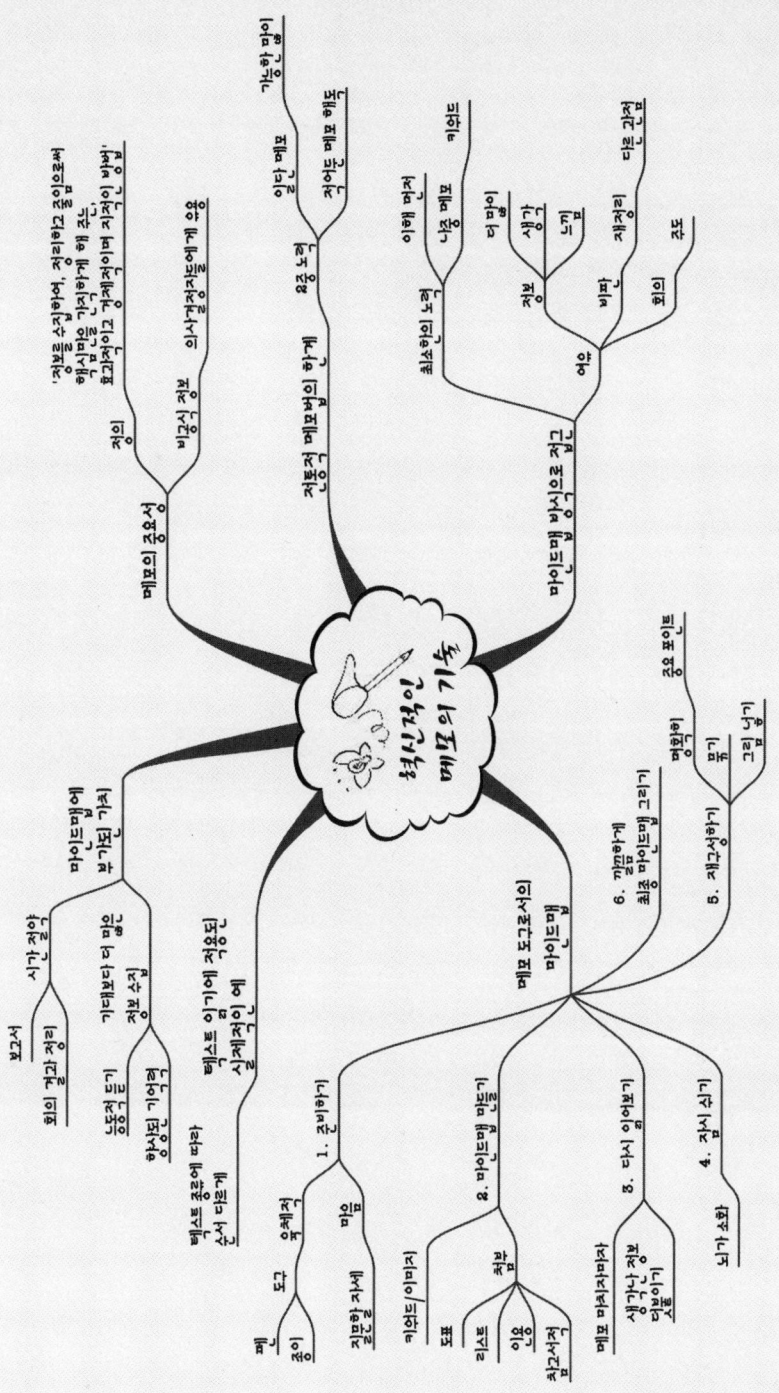

위의 마인드맵을 따라가면서, 지금까지 당신이 읽었던 내용을 되새겨보라.

CHAPTER
6

효과적인 회의진행

MINDMAP

외롭다고 느끼십니까?
사무실 구석에서 혼자 일하는 게 슬프십니까?
의사결정이 너무 힘드시다고요?
회의에 참석하십시오!
그러면 사람들을 만나고, 계획을 짜고, 자신이
중요한 사람이라고 느끼게 되고,
동료들에게 깊은 인상을 주며, 커피를 즐기게 되고,
모든 사람들과 이야기하며, 수첩이나 PDA에 뭔가를
긁적거리기도 하고, 똑똑하다는 인상을 풍기며,
동료들이 당신을 향해 긍정적으로
머리를 끄덕이는 것을 느낄 수 있습니다.
이 모든 것이 당신이 일하는 동안에 가능합니다!
회의, 그것은 업무의 실질적 대안입니다.

— 어느 기업 내부 광고

| 이 장의 구성 미리보기 |

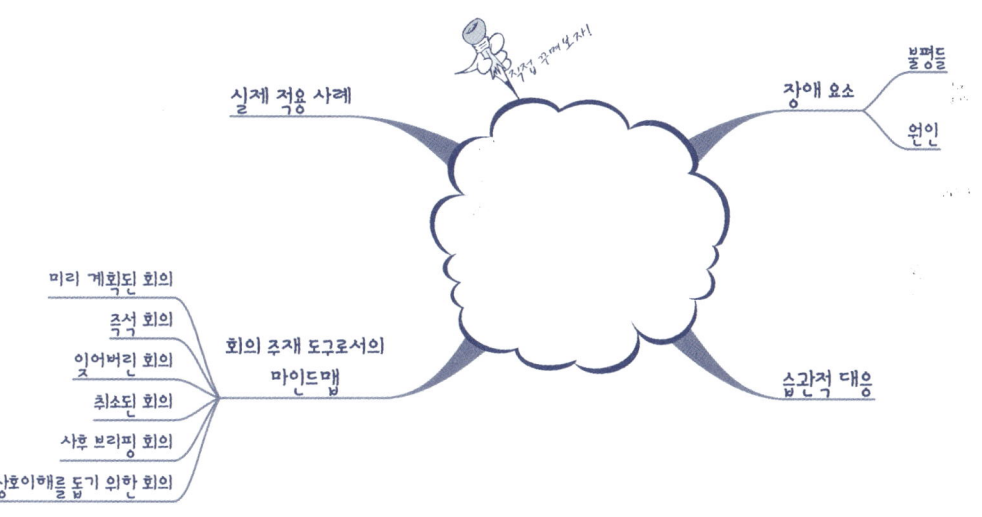

효과적인 회의진행

회의는 '시간을 가장 많이 잡아먹는' 업무 중 하나이다. 총 업무 시간 중 회의가 차지하는 비율은 20~25%나 된다! 노동 시간이 주당 35시간으로 감축된 이후, 회사 내에서 동료들과 같이 보내는 기회가 줄어들었다. 따라서 효율적으로 회의를 할 수 있는 방법이 더욱 절실해졌다. 공식적 회의건, 비공식적 회의건, 장소가 어디건 상관없이 간단한 도구만으로도 회의 시간을 줄일 수 있다. 이때 마인드맵은 어떤 도움이 될까?

회의에 따르는 장애 요소

회의를 어렵게 하는 장애 요소는 아주 많다. 회의 참가자들 전체의 시간 맞추기, 공통의 목표 정하기 등등.

우선은 같은 시간, 같은 장소에 모든 참가자가 모일 수 있는지 확인해보아야 한다. 이밖에도 회의를 방해하는 다른 많은 요인들이 존재한다. 회의 진행에 필요한 자재 도구들(노트북, 비디오 프로젝터, 대형 화면, 칠판 등)이 갖추어진 방이 있는지 없는지, 없다면 구하는 것이 가능한지, 외부와 차단될 수 있는 장소인지, 가능한 좌석의 수는 얼마나 되는지 등등.

불평들

거의 매일 우리는 직장 동료들이 내뱉는 불평의 소리를 듣는다.

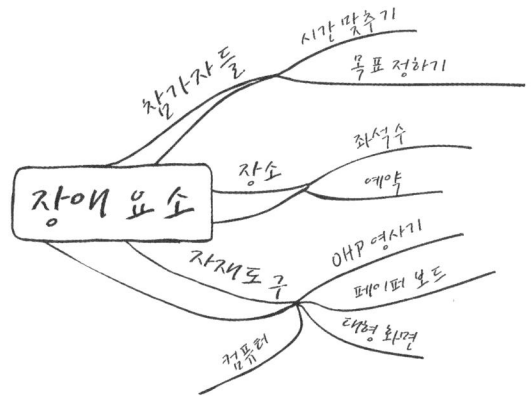

"미팅이 너무 많아", "보고서를 받지 못했어.", "지난번 회의에 참석하지 못했어.", "얘기해봤자 듣는 사람도 없는걸 뭐."

불평의 종류는 끝도 없다. 너무 잦은 회의, 시간 낭비, 그룹의 효율성에 대한 불신, 제시된 해결책의 미미한 적용, 회의에 적극적으로 참여해봤자 정작 아무런 반응도 얻지 못해 에너지 낭비였다는 생각이 드는 것, 참가자들의 좌절감, 거의 지켜지지 않는 회의 시간(대부분 첫 두 주제만 다루고 끝나기 일쑤이다.), 회의 시 활용할 시각 매체의 부재, 회의 목표에 맞지 않는 보고서, 늦어진 보고서 전송, 회의 이후 회의에서 거론되었던 예상 결과와 목표 달성에 대한 점검이 이루어지지 않고 다음 회의는 전혀 준비하지 않는 점 등등.

효과적인 회의진행

회의에 대한 이런 비판들은 항상 우리 귀에 들려온다. 그 원인은 무엇인가?

원인

원인들 또한 거의 끝이 안 보일 정도다.

- 준비 부족, 미비한 회의 날짜 통보, 구체적이지 않은 목표, 불분명한 회의 참석 대상자 명단, 동기 부족(회의 참석 예정자는 회의를 해봤자 시간 낭비를 하게 될 것이라고 미리 지레 짐작한다.)
- 어디서도 찾아볼 수 없는 업무 방식, 별 효과 없어 보이는 회의자료(미리 보거나 나중에라도 다시 볼 엄두조차 나지 않는 두꺼운 보고서, 이해가 어려운 도표 등), 미결정 사항들(다음 회의 날짜조차 미리 정해놓지 않은 경우가 많다.)
- 회의를 이끌어가는 리더의 부재. 그날 회의의 중점 문제에 대한 논의가 자꾸 곁길로 새는 이유가 여기에 있다.
- 조직 생활의 회의는 형식에 불과하다고 여기기 때문에 따로 회의용 복장을 입는 경우는 거의 없다. 회의용 복장이 따로 있다 하더라도 보관만 할 뿐이며, 입었다면 회의에 참석했다는 변명을 위한 알리바이용이기도 하다. 우리는 얼마나 자주 스스로를 변명하려 애써왔는가? 무슨 일이 벌어졌는지 이해하고, 그 일에 대해 자신이 적절히 잘 대처했는지 판단해야 함에도 말이다.
- 마지막으로 우리는 회의 진행자에게 모든 걸 맡겨 버리고, 자신은 소극적으로 참석하려는 경향이 있다.

수많은 결정 사항들이 회의가 끝난 후에 절대 지켜지지 않고 있다는 사실을 언급하며 이 긴 나열을 이만 줄일까 한다. 회의로 인해 낭비된 대가는 교통 관련 비용이나 거주지에 부과된 비용을 생각지 않더라도 수천 시간에 달할 것이다. 그런데…… 회의에 쓰는 시간 중 적어도 10%는 불필요하다. 그리고 다행히도 이를 줄일 수 있는 방법이 존재한다.

습관적 대응

 습관적 대응은 다루는 주제의 중요성에 관계없이 무조건 회사의 일상 관례로서 월요일 아침마다 회의를 갖는 것이다. 서로 좋은 기분으로 만날 수 있고, 많은 회사에서 하나의 생활 리듬으로 이미 존재한다는 점에서 어느 정도 현명한 대응이 될 수는 있다. 회사 분위기를 화기애애하게 만들고 회의를 통해 의견 교환을 원활하게 하기 위해서, 회의가 열리는 당일에 별로 중요한 사항이 없더라도 웬만해선 회의를 취소하는 일은 거의 없다. 회의에서 다루는 사항들도 단순 업무에 관해서일 때가 많다. 대체로 뒤늦게 전달되는 보고서를 통해 관련 사항을 마친다. 참가자들은 그들에게 할당된 일이 무엇인지 확인하고, 이에 맞는 행동을 취하기 위해 보고서가 도착하기만을 기다릴 뿐이다.
 정기적으로 회의에 참석하는 사람은 정보를 그 자리에서 얻는다는 점 때문에 자신이 일정한 지위와 특권을 누린다고 느낀다. 하지만 사람들은 정보를 얻으려고 회의에 참석할 뿐, 새로운 무언가를 보태려 하지는 않는다.
 오히려 창의성은 비공식적인 회의가 열리는 다른 장소나, 주제에 다르게 접근할 수 있는 곳에서 쉽게 발휘된다.

습관적 대응은 심리적인 것이기도 하다. 《행동을 위한 지식$^{Savoir\ pour\ Agir}$》의 저자인 크리스 아기리스에 따르면 우리는 회의에 참가해서 상당한 시간을 자기변명과 방어로 보낸다. 예를 하나 들어보자. 회의가 끝나갈 즈음, 회의에서 나온 얘기대로 자신의 행동을 바꾸려고 결심할 만큼 동기부여가 잘 된 사람은 과연 몇이나 될까? 설령 그랬다 하더라도 일주일이나 이 주일 후, 다시 원래대로 행동하는 사람이 얼마나 많은지 보라.

왜 사람들은 바뀌기가 어려운 것일까? 이에 대한 대답은 아주 간단하다. 사람과 조직은 바뀌기가 어렵다. 왜냐하면 자신의 경험에서 배울 줄 모르기 때문이다. 크리스 아기리스에 따르면, 우리는 진실을 감추는 데 너무 능숙해서 때로는 진실을 숨기고 있다는 사실조차 깨닫지 못한다.

방어적인 태도는 무의식적으로 계속되고 있다. 극도로 복잡해진 세상이 요구하는 변화에 적응하기 위해서는 자신이 이제까지 변화에 대해 반발하고 있었다는 사실을 자각해야만 한다. 변화하기 위해서는 우선 자신이 현재 어디에 위치해 있는지 알아야 한다. 회의 자체가 상징하는 비현실적인 개념적 공간 속에서, 우리는 자신의 위치를 파악하고 어디로 이동할 것인지 참고할 수 있는 지도를 갖고 있지 않다. 그러나 안심해도 좋다. 지도를 작성하고 그리는 것은 쉽게 할 수 있는 일이니까. 또한 이 지도는 수많은 이점을 우리에게 가져다준다.

회의 주재 도구로서의 마인드맵

마인드맵은 어떤 회의에서도 쓰일 수 있다. 회의의 종류는 크게 네 가지로 구분된다.

- 미리 계획된 회의
- 즉석 회의
- 잊어버린 회의
- 취소된 회의

이성적으로 회의는 미리 계획되어야만 한다고 생각하지만 현실에서는 항상 예기치 않은 일들이 생기기 마련이다. 그럼에도 몇 가지 요령만 알면 회의를 좀 더 효율적으로 할 수 있다.

회의를 할 때는 다른 그 무엇보다도 기억력이 요구된다. 그렇다면 우리는 얼마나 기억할 수 있을까? 다음을 보자.

- 읽는 것의 10~20%를 기억한다.
- 듣는 것의 20~30%를 기억한다.
- 보는 것의 30~50%를 기억한다.
- 보고 듣는 것을 동시에 했을 때 50~60%를 기억한다.
- 머릿속에서 정보를 재구성할 때 60~80%를 기억한다.
- 실제로 관련된 행동으로 옮길 때 80~100%를 기억한다.

이 때문에 진행자는 모든 참석자들이 최대한 적극적으로 회의에 참여하도록 이끌어야 할 당위성을 갖는다.

마찬가지로, 눈은 귀보다 더 잘 기억한다. 기억력은 시각이 83%, 청각이 11%, 그리고 나머지 감각 기관들이 6%를 차지했다. 따라서 진행자는 화이트보드, OHP, 영상 등을 적극적으로 이용해야 한다.

화이트보드는 회의 동안에 무엇을 발견했고, 발전시켰는지를 보여주는 업무 팀의 거울이라 할 수 있다. 화이트보드에 마인드맵을 그릴 때는 일단 그날의 과제에 대한 마인드맵에서 출발한다.

'그날의 과제' 마인드맵에는 검토해야 할 주요 안건들, 장소, 시간 그리고 참석자에 대한 내용과 같은 정보들이 집약된다.

이 마인드맵은 회의를 준비하는 연습장으로도 쓰일 수 있다. 가지에 아이디어를 적는 과정을 통해 각 참가자는 마인드맵 활용법을 완전히 익힐 수 있다. 만약 여러분의 회사가 인트라넷을 사용한다면(그렇지 않으면 이메일을 사용해서), 당신은 회의 참석자들에게 '그날의 과제' 마인드맵을 보낼 수 있다. 그것이 여의치 않다면, A3 용지 크기(가능하다면)의 종이에 '그날의 과제' 마인드맵을 그려 회의 소집장을 보낸다. 소집장에는 회의 시작 전과 회의 진행 동안에 메모를 할 수 있는 공간을 남겨 둔다.

회의 주최자는 회의 진행의 중추 역할을 하기 위해 좀 더 큰 사이즈의 마인드맵 용지를 준비한다. 그리고 그림과 색깔을 사용하여 화이트보드 상에 마인드맵을 작성한다. 우리가 쓰는 방법은 한 가지 기본 색깔을 이용해 나뭇가지 모양의 마인드맵을 만드는 것이다. 회의가 진행되면, 마인드맵 상에서 팀원들이 내놓은 아이디어들을 볼 수 있도록 색깔을 바꾼다.

만약 가능하다면, 회의 진행 보조자가 컴퓨터를 이용하여 모인 정보들을 정리하여 마인드맵을 완성시킨다. 회의가 끝난 즉시 마인드맵 형식의 보고서를 각 참가자들에게 인쇄해서 나누어 준다. 아니면, 이메일을 통해 보내는 것도 좋다. 이 방법을 도입하게 되면 문서 처리 소프트웨어로 만든 보고서를 통해 정보의 유통량을 두 배로 늘리는 것이 가능하다. 몇 주 후 우리는 놀랍게도 직장 동료가 이제까지 해왔던 직선식 방식으로 사용한 메모보다 마인드맵을 이용한 보고서를 간직하고 있다는 사실을 확인하게 될 것이다. 마인드맵 형식의 보고서는 공간을 적게 차지할 뿐만 아니라 매우 놀라운 종합 정리 능력을 제공하기 때문이다.

물론 일부 사람들은 기존의 직선식 방식으로 작성된 메모들을 간직하기도 한다. 그것은 단지 기존의 방법이 그들을 심리적으로 안심시켜 주기 때문이다.

마인드맵은 단체 속에서 함께 배우고 함께 생각하는 새로운 생활을 가져다준다. 어떻게 이것이 가능할까? 마인드맵을 연속적으로 사용하면 된다. 즉, 하나의 마인드맵에서 나온 몇 개의 가지를 다음 마인드맵을 만드는 데 이용하고, 여기서 만들어진 마인드맵의 가지들 또한 그 다음 마인드맵을 만드는 데 이용하는 것이다.

다음 번 회의에서는 마인드맵이 한층 확장되어 있을 것이다.

미리 계획된 회의

주당 35시간이라는 프랑스의 법정 근로시간에 따라 근로시간이 줄어들었지만, 직장에서의 업무 스트레스 강도는 여전히 높다. 이전보다도 더 효율적인 회의 방법이 절실한 때이다.

목표 배치하기

이제까지처럼 순서대로 나열하는 형식의 안건 리스트 대신, 회의 참석자들에게 안건 한 개당 한 개의 가지로 구성된 '주어진 과제' 마인드맵을 나누어준다.

여기 마인드맵에는 주가지만이 그려져 있다. 회의진행 시 목표는 주가지에 추가로 가지와 잎들(아이디어들)을 덧붙여 커다란 나뭇가지 모양으로 만드는 것이다. 회의 시작 전에 미리 그룹을 구성하는 것도 좋다.

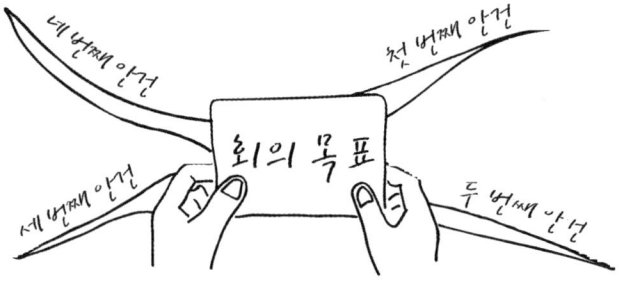

아이디어 모으기

이제 아이디어를 만들어내는 단계로 접어들었다. 색깔을 이용해 표시를 하거나 작은 그림들을 그리면 더욱 재미있게 회의를 진행할 수 있다. 재미있는 또 다른 도구는 비디오카메라이다. 카메라를 이용해 실시간으로 회의 장면을 촬영하게 되면, 각자가 자신의 아이디어를 마인드맵에 채우는 과정을 볼 수 있다. 이 모든 것을 총괄하는 마인드맵은 활동에 의미를 부여해주고, 활동 시 주의할 점과 활동 결과로 얻게 되는 이점을 꾸준히 알려 준다.

주제에 대한 탐색(그날의 과제에서 비롯된 가지들)은 특정한 방향으로 치우치지 않으면서도 다른 참가자들이 제시했던 다양한 관점들을 이해하게 해준다. 모든 참가자에게서 나온 아이디어들에 대해 듣고 정리하는 사이에 일은 조금씩 진행된다.

마인드맵의 가지는 곧 각자의 생각이나 추구하는 목표와 연관된 아이디어들로 온통 뒤덮이게 된다. 이 문제에 대처할 수 있는 방법이 있다. 마인드맵을 화이트보드 사이즈나 벽에 크게 붙일 수 있는 사이즈의 종이 위에 그리면 된다. 종이 식탁보를 사용하면 더 많은 공간을 사용할 수 있다. 이런 식으로 마인드맵을 큰 종이에 그리면 단체 작업에서 나온 여러 풍부한 아이디어들을 아무 문제없이 수용할 수 있다. 큰 종이가 없을 때는 처음의 마인드맵과 여기서 새로 작성된 다른 마인드맵을 서로 이어붙이고, 또 여기서 파생된 마인드맵을 붙여나가는 방법도 있다.

가설 만들기

"이렇게 하면, 이런 결과가 나올 것이다." 마인드맵은 같은 지면 위에 여러 가지 가설을 시각적으로 한꺼번에 볼 수 있도록 배치한다는 점에서 매우 흥미로운 도구이다. 이제 아이디어로 가득 찬 나뭇가지 모양의 마인드맵은 더 다듬어져야 한다. 이는 앞뒤 연결이 논리적인지 맞추어 보고 각 가설이 타당성을 가지고 있는지 따져보기 위해서이다. 마인드맵은 문제 해결에 대한 몇 가지 제시 방안들을 360° 상으로 펼쳐 놓게 해준다.

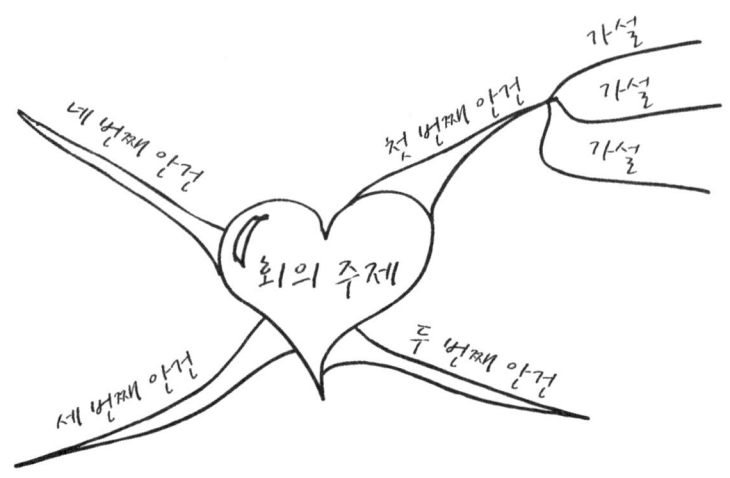

    참가자들이 제시된 방안들을 전체적인 시각을 통해 볼 수 있으므로 서로 간에 오해가 생길 가능성은 거의 없다. 실제로 회의 내내 이용하는 시각 기자재 덕택에 단기 기억의 한계량(한 번에 약 6~7개의 정보만을 저장할 수 있다.)은 더 커지게 되었다.
    마인드맵은 회의에 참가한 모든 이들이 만들어가는 리듬에 맞춰 뻗어 나가고 발전한다. 이때 참가자들은 직물을 짜는 '직공'이고, 마인드맵은 직공들의 아이디어로 짜인 '직물'이라고 보면 된다.
    마인드맵은 회의 도중에 이미 왔던 길을 되돌아가는 것이 가능하다는 점에서 놀라운 효과를 제공한다. 회의 진행 중간에 앞서 가졌던 논의의 장으로 다시 돌아가는 것은 아무런 문제가 되지 않는다. 이것은 인터넷으로 검색을 할 때 이전 창으로 다시 돌아가는 것과 마찬가지이다. 회의를 진행하는 방식 또한 앞으로 갔다가 뒤로 돌아갈 수도 있는 것이다. 마인드맵을 통해서라면, 나아갔던 발걸음을 재빨리 되돌릴 수도 있고 또한 다시 재빨리 원래 있던 곳으로 되돌아올 수도 있다.

결정하기

회의에서 다루어진 안에 대해 실행하는 활동 계획을 세우려면, 다음과 같은 3가지 간단한 질문에 답할 수 있어야 한다.

- 누가 무슨 일을 할 것인가?
- 언제 시작할 것인가?
- 언제까지 할 것인가?

활동 마인드맵에 대해서는 7장에서 좀 더 자세하게 살펴볼 것이다.

즉석 회의

일상적인 대화를 나누다가 중요한 주제에 대해 대화하고 있는 중이라는 사실을 갑자기 깨달은 경우가 없었는가? 아니면 회사 복도에서 상사에게 붙잡혀 제대로 감도 잘 안 잡히는 새로운 업무를 받든 경우는?

　핵심 아이디어에 집중한다

대화의 주제가 일상적인 것에서 갑자기 업무가 되는 상황일 때 최대한의 정보를 모으려면 핵심 아이디어에 집중을 해야 한다. 장소와 상황 또는 함께 대화를 나눈 상대와 분리해서 생각하라.

　당장 이용할 수 있는 모든 도구를 활용한 메모

그 자리에서 바로바로 메모를 하는 것은 나중에 기억을 떠올리는 데 도움을 준다. 마인드맵을 간단히 스케치하자. 그러면 좁은 공간에 훨씬 많은 정보를 담을 수 있다. 사실상, 나중에 다시 메모를 들여다보았을 때 담겨진 내용을 얼마나 많이 이해할 수 있는가는 마인드맵에 그려 넣은 키워드들 사이의 연  결 관계가 어떻게 구성되어 있는가에 달려 있다. 연필 한 자루를 마련하고, 마땅한 종이가 없다면 봉투의 뒷면에라도 메모를 한다. 최악의 상황이라도 가까운 휴지통 속에 종이 한 쪼가리쯤은 남아 있는 법이다. 내용이 중요하지 어떤 종이나 필기구를 썼느냐는 중요하지 않다. 가장 중요한 것은 최대한의 정보를 최단 시간 내에 적는 것이다.

질문하기

미리 예상치 못한 비공식적인 회의나 갑작스런 만남에서 최대한 자세한 정보를 모으기 위해서는 대화 상대자에게 질문을 던질 필요가 있다. "질문을 하는 자가 게임을 주도한다"라는 독일의 속담은 질문의 필요성을 잘 말해준다.

가능한 빨리 마인드맵 작성하기

일단 기본 정보들을 수집한 상태라면, 이제는 종이 쪼가리라도 이용해 최대한 많은 정보를 기억할 수 있는 방법을 찾아야 한다. 전자수첩을 이용하거나 심지어 손바닥을 이용해 메모를 하는 사람도 있다.

제대로 이해했는지 소리 내어 읽어보기

방금 전 메모했던 상황이 별로 좋지 않았을 수 있다. 서 있었을 수도 있고, 주변이 많이 시끄러웠을 수도 있다. 하지만 그 상황이라도 메시지는 제대로 이해해야 한다. 대화 상대자가 이야기한 것을 자신의 머릿속에서 재구성해보라. 큰 도움이 된다. 다행히도 마인드맵은 대충 그려놓았더라도 메시지를 재구성하는 데 아주 유용하게 쓰인다. 아직 뒤죽박죽인 마인드맵이지만 우리가 던진 질문에 대한 상대방의 대답 덕분에 더 구체적으로 작성된다.

종합 정리된 문서 보내기

사무실에 돌아오자마자, 아까 가졌던 즉석 회의 내용을 마무리한다. 즉석 회의를 요약하는 마인드맵을 작성하는 것이다. 대충 스케치했던 마인드맵이나 갈겨 쓴 메모를 바탕으로 작성한다. 종합 정리한 마인드맵은 '회의' 보고서 역할을 한다. 게다가 예상치 않은 추가 작업을 해야 되는 상황이 되었다면, 이 즉석 회의 마인드맵은 그에 대한 계획서를 작성하는 데에도 도움을 준다.

소프트웨어를 이용해 마인드맵을 작성한다면, 즉석 회의 상대자에게 완성된 문서를 보내주는 작은 친절을 베풀 수 있다.

잊어버린 회의

오후 1시 58분, 이제 막 점심을 먹고 회사로 돌아오는 길이다. 이때 갑자기 2시에 회의가 열린다는 사실이 떠올랐다! 아직까지 회의에 대한 준비는 하지도 않은 상황이다. 어떻게 할 것인가? 침착하게, 서두르지 말고 생각해보자.

회의 목표 파악하기
이번 회의에서 해결해야 할 안건은 무엇인가? 이 회의의 가장 중요한 목적은 무엇인가? 우선 이 질문에 집중하자.

지난 회의 안건 되짚어보기
만약 지난번 회의를 요약한 마인드맵을 가지고 있다면, 이번 회의에 필요한 사항들을 한눈에 훑어볼 수 있다. 의사결정 사항, 완수해야 할 업무들을 살펴보면 도움이 된다. 핵심을 파악하기 위해 중요한 단어들에 밑줄을 긋거나 별도의 표시를 한다.

업무 진행사항 파악하기
머릿속으로 이전 회의에서 나왔던 안건에 대해 지금까지 해온 일을 생각해본다. 이제까지 해온 일을 재검토해보는 일은 항상 자신을 놀랍게 한다. 이미 완성한 일은 한쪽에 젖혀 놓고, 해야 할 일들에만 밑줄을 긋는다.

정보 수집

이번 회의 안건과 관련된 정보가 담겨진 서류들을 모두 모은다. 회의에 들어가서 눈에 띄지 않게 서류를 뒤적거리며 정보를 찾을 수도 있다. 자신을 위한 종합 마인드맵을 대충 스케치한다. 이것은 현재 논의되고 있는 문제를 종합적인 시각으로 볼 수 있게 해준다.

도움 요청하기
회의에 참석해 앉아 있는 동안 자료를 찾아줄 수 있는 부서원 한 명에게 전화를 건다. 무슨 자료가 언제 필요한지 자세히 설명한다. 자료를 찾는 즉시 회의에 직접 가져다 줄 것을 부탁한다.

취소된 회의

밀려 있는 업무로 정신없이 바쁜 이에게, 회의가 취소되었다는 소식은 하늘이 주신 선물처럼 느껴질 것이다.

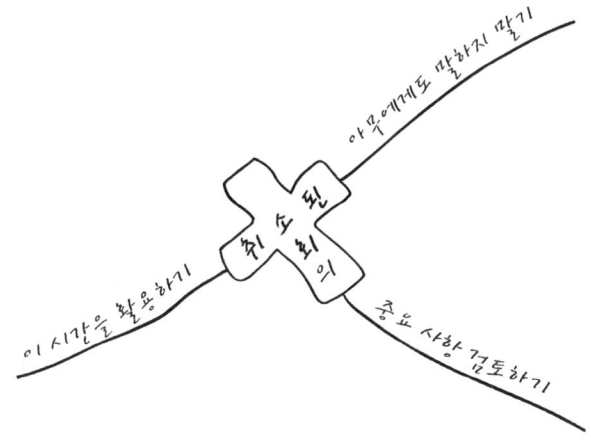

취소된 회의 덕에 자유로워진 몇 시간은 혼자서 수행해왔던 일을 계속 진행할 수 있는 좋은 기회이다. 자유 시간이 길고 중간에 방해받지 않을수록 시간을 더 효율적으로 활용할 수 있다. 칼슨^{Carlson}의 법칙은 지속적으로 일하는 게 중요하다고 말한다. "중간에 일이 끊기면 꾸준히 일을 하는 경우보다 비효율적이 되고 더 많은 시간을 요구한다."

예상치 못한 자유롭고 소중한 시간을 얻었으므로 회계장부 검토나 보고서 작성 등 중요한 사항들을 검토하거나 기본적인 업무를 처리하면서 이 시간을 요령 있게 활용하는 것이 좋다.

비서를 제외하고는(비서에게는 비밀이란 있을 수 없다!), 아무에게도 알리지 않는다. 이 예상치 못한 자유 시간은 산소마스크와 같은 것이다. 깊게 숨을 들이쉬자. 그리고 중요한 일들을 검토해본다.

기대치 않았던 이 특별 휴가 시간은 중요한 안건들을 검토하기 위해 마인드맵을 작성하는 꿈같은 시간이 될 것이다. 어떠한 전화도 받지 말

고(전화선을 비서에게 돌린다.) 한두 시간 동안 전적으로 '중요 사항 검토'에 할애한다.

'중요 사항 검토'는 말 그대로 마인드맵에 들어갈 중요 사항을 무엇으로 할지 결정하게 해준다.

이제 조금 뒤로 물러나서, '중요 사항' 마인드맵에서 가장 많은 공간을 차지한 가지를 살펴보자. 그러면 여러 업무가 보일 것이고, 편한 마음으로 그 중에서 한 길을 선택할 수 있을 것이다.

사후 브리핑(결과 보고) 회의

'사후 브리핑'은 미군에서 처음 시작된 것으로 매우 효과적인 업무 과정이다. 이 회의는 경험에서 배우는 것을 목표로 한다.

프로젝트나 특별 행사에 참여해본 사람이라면 일이 끝난 후 다음과 같은 3가지 질문에 대해 고민을 해보았을 것이다.

- 실제로 나타난 결과는 무엇인가?
- 왜 그러한 결과가 나타났다고 생각하는가?
- 그 결과로부터 무엇을 배웠는가?

이에 대한 팀원들의 다양한 생각은 지난 행사나 끝낸 업무를 심도 있게 이해할 수 있도록 해주며, 이해되지 않았던 점은 명확하게 해준다.

참가자들은 자신들의 참여 기여도를 스스로 평가한다.

진행자는 참가자 전원이 행사를 통해 배운 사항들을 총체적인 시각으로 기록한다. 참가자들은 전체적인 시각을 가지게 되고, 각각 결과에 대해 반응을 보인다. 이 책에서 계속 강조해왔듯이 마인드맵은 여기서도 중간적 매개 역할을 한다. 더 이상 집단이 이루어낸 결과가 정당한 것인가 아닌가를 알아내기 위한 서로 간의 의견 다툼이 아닌 것이다. 여기서 추구하는 것은 실제로 일어난 일을 일정한 거리를 두고 차분하게 바라보는 것이다. 이렇게 하면 일하는 동안 부딪혔던 어려움들에 대해 서로 허심탄회한 마음으로 대화할 수 있다.

경험을 통해 배우는 것은 사후 브리핑을 진행하는 진행자 덕택이 아니라 상대방의 의견을 열린 마음으로 듣는 구성원들 덕에 가능하다.

업무 행사의 활동 방식과 전체적인 틀, 그리고 진행 과정을 확인한 후에 구성원들은 몇 가지 질문을 더 던져보도록 한다.

- 포기해야 할 것은 무엇인가?
- 계속 지켜야 할 것은 무엇인가?
- 새로 만들어 나가야 할 것은 무엇인가?

앞으로 더 완벽하게 일을 수행하기 위해 변화가 필요하다는(혹은 이전과 같이 계속 잘 나아가야 한다는) 관점을 구성원 전체가 공유할 수 있다면, 이는 모두에게 매우 성공적이면서도 흥미로운 경험이 될 것이다.

상호이해를 돕기 위한 회의

마인드맵은 한 집단의 사고방식을 쉽고 깊이 있게 이해하며 공유할 수 있도록 해준다.

어떤 프로젝트를 수행할지라도 참가자들 간에는 그 그룹 문화에 따른

'비공식적인 룰'이 있기 마련이다. 그런데 이러한 암묵적인 이해 사항에 동의하지 않거나 아예 모르고 있는 사람들도 있다.

마인드맵은 이 '비공식적인 룰'이 무엇인지 명확히 해주고, 참가자들 간에 의사소통을 원활히 할 수 있게 해준다.

한 집단이 생길 때, 그 집단에는 문화가 있기 마련이다. 이 집단 구성원들은 좀 더 강한 주류 문화를 더 우선시하며, 비주류 문화에 속하거나 세대교체를 통해 균형이 깨진 문화는 버리는 경향이 있다. 새로 들어온 구성원은 기존 구성원들과 다르게 행동할 필요가 있다고 생각하기 쉽다. 단지 문제에 다르게 접근하는 방법을 배우면 된다고 생각하는 경우는 드물다.

실제 적용 사례

집단에서의 인식

얼마 전부터 프랑스 행정부에서 추진해온 부서 프로젝트에 관한 예를 들고자 한다. 이 프로젝트의 중심 과제 중 하나는 안내 서비스 개선에 관한 것이었다.

정부 관료들을 2개의 그룹으로 나누어 일주일 간격을 두고 회의를 진행하였다. 이때 회의는 엄격하게 같은 조건(같은 장소, 동일한 진행자)에서, 같은 목표를 가지고 진행되었다. 그 목표란 '어떻게 안내 서비스를 개선할 것인가'였다. 달라진 것은 단순히 두 번째 회의에서 마인드맵을 사용했다는 것뿐이었다.

첫 번째 회의는 생산적이지 않았다.

"시간 낭비를 했습니다.", "직업상 회의에 참석해야 했지만, 결과를 보니 참석하지 않는 편이 나을 뻔 했습니다."

한마디로, 비판이 마구 쏟아졌다.

두 번째 회의에서 진행자는 방법을 바꾸어 마인드맵을 사용하기로 결정했다.

회의는 같은 조건을 가지고 출발했지만, 결과는 비교할 수 없이 달랐다. 더 많은 아이디어들이 교환되었고, 분위기는 훨씬 화기애애했다.

게다가 마인드맵은 첫 번째 그룹이 발견하지 못한 서비스 미숙 원인을 밝혀냈다. 그것은 2개의 메시지 수신함과 2개의 전자수첩을 동시에 사용하는 데 따른 커뮤니케이션 혼란 문제였다.

위기관리

마인드맵을 사용하느냐 안 하느냐가 얼마나 결정적일 수 있으며, 더 나아가 얼마나 절대적일 수 있는지는 뉴욕 소방관들의 예를 통해 잘 알 수 있다.

소방관들은 긴급한 상황에서 신속히 행동해야 하며 한 치의 실수도 용납되지 않는다. 마인드맵을 사용하는 것은 이제 그들에겐 자연스럽고도 필수적인 일이 되었다. 그들은 마인드맵을 어떻게 사용하고 있을까?

2002년 9월 11일에 있었던 세계무역센터 테러 사태 당시의 예를 들어 보자. 뉴욕 소방관들은 마인드맵 상에 나타난 여러 자원들 중 무엇을 이용해야 하는지 몇 분 안에 파악한다. 그리고는 현재 상황에서 이용 가능한 자원들을 추려 내고, 정보들을 중요 순위대로 다시 조직화한다. 그들은 문제의 심각성을 정확하게 판단하고, 제시된 해결책 중 상황과 맞지 않는 것은 하나하나 지워나간다. 뉴욕 소방관들에게 마인드맵은 이제 목표를 향한 발전 과정을 평가해주는 매우 중요한 문서가 되었다.

뉴욕의 소방관들은 마인드맵을 크게 전반적 단계, 영역별 단계, 세부 단계 이렇게 세 가지 단계로 나누어 읽는다.

- 전반적 단계에서 소방 지휘관은 마인드맵을 한눈에 훑어보고, 현재 활용 가능한 수단들을 통째로 파악한다. 소방대원 수, 소방차, 앰뷸런스, 구급대원, 접근 가능한 길, 병원의 수용 가능 병상 수 등등.
- 마인드맵에서 구름 모양으로 둘러싸서 표현하기도 하는 영역별 단계에서는, 확장된 시각 요소를 통해 한 조직에 대한 개념 파악이 가능하다. 이것은 주어진 과제를 좀 더 자세하게 설명해준다. 예를 들어 남쪽 지역에 어떤 수단들(소방차, 소방대원들, 앰뷸런스, 구급대원들)을 지원하는 것이 가능한가?
- 세부 단계는 가지들을 읽는 것을 말한다. 예를 들어 남쪽 문에 몇 명의 소방대원을 배치할 것인가 등이 이에 해당된다.

프랑스 소방대원들이 현재 사용하고 있는 마인드맵의 실제 예가 이 책의 부록(사례5)에 나와 있다.

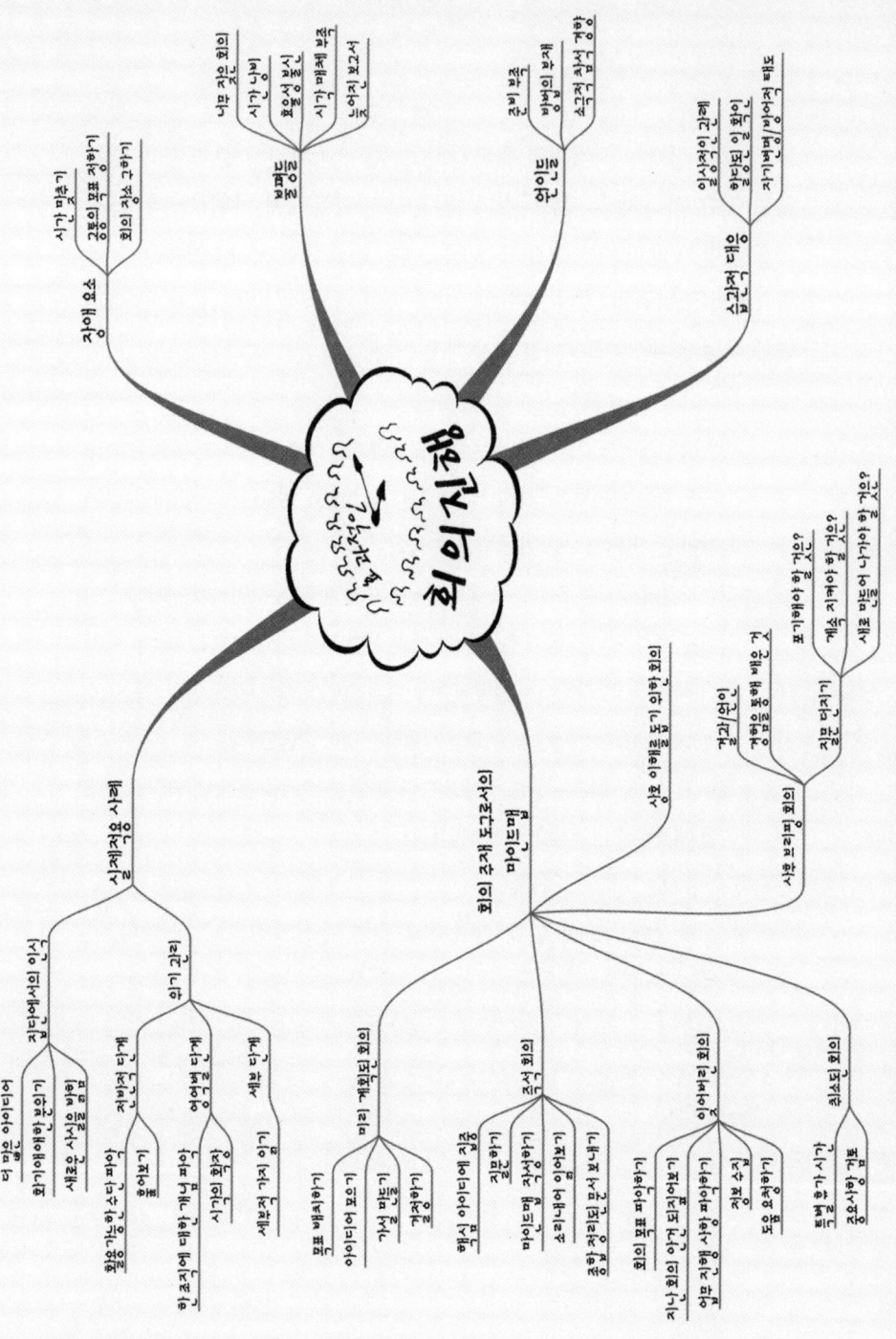

위의 마인드맵을 따라가면서, 지금까지 당신이 읽었던 내용을 되새겨보라.

프로젝트 진행하기

그림으로 표현된 프로젝트는 두 가지 기능이 있다.
하나는 생각을 구체적으로 나타냄으로써 자신이 원하는 바를
더 잘 알 수 있도록 해준다는 것이며,
또 하나는 프로젝트를 통해 다른 사람들이
자신의 의도에 관심을 갖고 생각을 교류함으로써
공유하도록 하는 것이다.
— 장 피에르 부티네(《프로젝트 진행의 심리학》, 1999, PUF 출판사)

| 이 장의 구성 미리보기 |

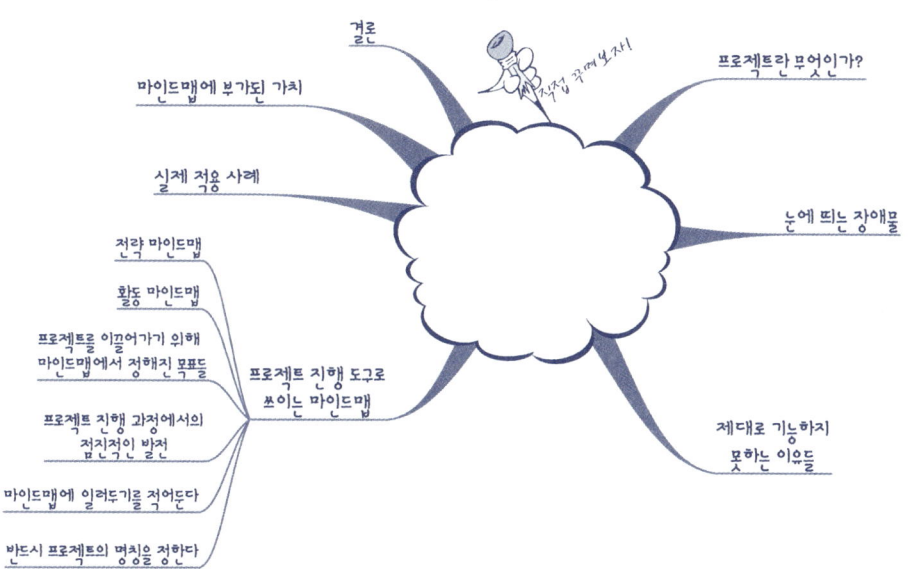

이 장의 목적은 프로젝트를 진행하는 데 있어서 마인드맵이 어떻게 도움이 되는가를 보여주는 것이다. 프로젝트를 둘러싼 아이디어와 사람들을 연결하는 데 마인드맵은 어떠한 도움을 줄 수 있을까? 목표를 달성하기 위한 프로젝트의 활동 내역을 시공간적으로 알 수 있을까?

공공사업 부문에서 전통적으로 사용되어온 프로젝트 관리는 경제적으로 큰 성과를 거두어 왔다. 프로젝트 관리는 새로운 업무 방식을 도입토록 하였고, 서비스 및 생산 활동 구조를 재구성하고 혁신시켰으며, 새로운 물품과 서비스를 생산하고 전파하는 것 또한 가능하게 해주었다.

프로젝트를 수행하는 것은 전통적인 방식과 단절하는 것이다. 프로젝트를 진행한다는 것은 미리 예상된 단계에 따라 하나하나 과정을 실현하는 것이 아니라, 주변 환경과의 끊임없는 상호 작용을 통해 융통성 있게 조절하는 과정을 통해 진행되는 것이다.

프로젝트를 진행할 때 부딪히는 가장 큰 어려움은 쓸 수 있는 자원은 한정되어 있는 상황에서 무한히 많은 정보들을 어떻게 다룰 것인가 하는 점이다. 여기서 자원이란 프로젝트를 실현시키는 데 필요한 시간, 능력, 그리고 자금이다.

프로젝트란 무엇인가?

프로젝트란 집단이 함께 꾸고 있는 상상을 실제 전략으로 바꾸는 것을 말한다.

프로젝트의 논리는 모든 프로젝트가 자기실현적 예언이라는 간단한 아이디어를 바탕으로 한다. 프로젝트는 현재 상황과 미래의 바람직한 모습, 또는 희망하는 상황을 진단했을 때 나오는 차이에서 비롯된다. 바람직한 결과를 이야기한다는 것은 그 차이를 줄이려고 노력하기 시작했다는 것을 의미한다. 우리는 미래에 대해 계획을 세운다. 이때, 구성원들이 같은 꿈을 가져야 참여적인 논리가 생겨나게 된다. 프로젝트를 이끌어가는 것과 참여적인 논리는 따로 떼어 생각할 수 없는 것이다.

- 현재 상황과 바람직한 미래에 대한 차이, 이 차이를 줄이고자 하는 의지가 있음을 확인하고 나아갈 목표를 정한다.
- 프로젝트 커뮤니케이션은 (바람직한 혹은 원하는) 미래를 명확히 정하고, 그 의도 (의미와 방향)를 밝히는 일이다.
- 의도는 각각 다른 에너지를 움직이는 '생각 연합'을 이룰 수 있도록 하고, 각자가 정리하여 한 방향으로 모아 생각이 일치된 프로젝트를 만든다.
- 이렇게 이루어진 프로젝트는 하나의 커뮤니티를 형성한다. 개인의 능력과 조직의 발전이 연결되기 때문이다. 이후 커뮤니티 구성원들끼리 공유하는 언어와 기호가 생기게 되며, 현재의 상황을 진단한 후 공동의 미래 목표를 정하여 이를 달성하기 위해 함께 노력하게 된다.

눈에 띄는 장애물로는 무엇이 있는가?

회사의 복도를 지나다 보면 다음과 같은 이야기를 자주 들을 것이다. "프로젝트가 빨리빨리 진척이 안 돼.", "바로 얼마 전에야 비로소 정보를 입수했지 뭔가." 혹은 "일이 또 꼬였어."

프로젝트를 진행하는 동안 카산드라(그리스 신화에 나오는 여자 예언자. 트로이 함락을 예언하였으나 사람들이 믿어주지 않았음. _옮긴이)는 언제나 만날 수 있다. 수많은 프로그램들이 실패함에 따라, 그 이유가 무엇인지 밝혀내는 것은 중요한 일이 되었다.

프로젝트를 실패로 만드는 장애물로, 다음과 같은 제한들이 있다.

- 시간의 제한
- 협동의 제한
- 협력의 제한
- 참여자 증원에 대한 제한
- 예산의 제한
- 질적 제한
- 증가하는 복잡한 환경적 요인에서 비롯한 제한
- 프로젝트 관리용 소프트웨어가 너무 난해해서 제대로 다루지 못하는 데서 오는 제한
- 일의 진전에 비해 프로젝트 수행자들 사이의 정보교환이 너무 느린 데서 오는 제한

테일러 방식의 업무 분담

여러 분야(기술, 재정, 법률, 인사관리 분야 등등)가 뒤섞여 있는 프로젝트를 수행하는 경우, 우리는 흔히 프로젝트를 '분야별'로 쪼개어 각 분야의

전문가들에게 맡겨 버리곤 한다. 이러한 업무 분담 형태는 노동을 분업화한 테일러리즘^{Taylorism}(19세기 말 미국의 기술자 테일러가 제창한 과학적인 공장 관리 및 노무 관리 방식)의 유산이다. 이 테일러리즘은 각자 자신의 전문 분야 속에만 갇혀 있도록 한다. 그렇게 되면 프로젝트의 각각 다른 부분들이 서로 어떻게 조화를 이룰 수 있겠는가?

제대로 기능하지 못하는 이유들은 무엇인가?

위의 어려움들은 비전과 가치 그리고 실천 사이에 긴밀한 연결이 부족했기 때문이다. 조직 내의 배움과 변화에는 3가지 종류가 있다.

- 첫 번째는 회사와 그 구성원들이 서로 작용하고, 행동하며, 상호 교감하는 환경과 관련된다. 어디서, 언제 배우고 변화할 것인가?
- 두 번째는 조직 혹은 개인들의 행동 방식 및 구체적인 실천 방안을 말한다. 무엇을 배우고 변화시킬 것인가?
- 세 번째는 조직이나 조직 환경 내에서 개인의 실천 방향을 정해주는 전략 및 능력, 숙련도에 달려 있다. 어떻게 배우고 변화할 것인가?

공통된 이미지가 없다

흑백 영화에서 로렐과 하디$^{Laurel\ and\ Hardy}$(무성영화 말기에서 유성영화 초기에 걸쳐 활약한 미국 희극 영화의 명콤비 _옮긴이)가 대화를 나누고 있다.
로렐이 비명을 질렀다. "지금 인디언들에게 공격당하고 있어!"

하다가 물었다. "몇 명이나 되는데?"

"이천 명쯤." 로렐이 대답했다.

"그래? 그럼 우리가 그들을 포위하자!"

이 장면은 웃음 이상의 것을 시사해준다. 우리의 행동은 세상을 보는 이미지를 기준으로 해서 나오는 것이다.

프로젝트 참가자들은 거의 대부분, 프로젝트의 진척 상황이나 프로젝트가 실현된 후의 모습에 대해 동일한 비전을 갖고 있지 않다. 그들은 프로젝트를 여러 업무로 나누어서, 각자가 잘 알고 있는 분야를 기준으로 그 일들을 하나씩 맡는다. 그들은 각자 담당한 분야의 일만 마치면 손을 놓아 버리고, 전체 프로젝트 중 다른 분야의 일은 어떻게 돌아가고 있는지 신경 쓰지 않는다. 이러한 상태에서는 오직 한 사람, 프로젝트의 팀장만이 전체적인 시각으로 프로젝트를 바라볼 수 있으며, 프로젝트 팀의 다른 구성원들은 동일한 비전을 공유할 수 없다. 따라서 정보는 상하 관계로만 움직이게 된다. 즉 각 구성원들에게서 나온 정보는 모두 팀장에게로 올라가고, 다시 이 정보들은 다른 구성원들에게 내려가는 것이다. 각 구성원들이 프로젝트의 전체 진행 상황을 알기란 불가능하다.

그래서 다음 계획을 세울 때 각 구성원들은 한계를 지닐 수밖에 없다.

프로젝트 진행 도구로 쓰이는 마인드맵

프로젝트는 기본적으로 두 단계로 나뉜다.

- **전략**(전략 마인드맵 : 목표 설정)
- **전술**(활동 마인드맵 : 목표에 다다르기 위한 업무 활동)

이렇게 두 단계로 나누어 진행할 때, 프로젝트는 다음과 같은 가장 단순한 구조를 가질 수 있다.
　'프로젝트의 명칭, 달성해야 할 목표들, 업무 활동' (업무 수행자와 기한에 대한 내용을 업무활동계획서에 덧붙인다.)
　프로젝트의 명칭을 마인드맵의 중심에 적는다.
　활동 계획 마인드맵에서 한 개의 업무 활동 가지를 만들고, 거기에 가지들을 덧붙여 업무 수행자와 그 업무의 기한을 적는다. 만약 한 업무에 여러 사람이 매달려야 한다면, 업무 수행자들의 가지를 서로 연결시켜 누가 누구와 협동을 해야 하는지를 나타낸다.

전략 마인드맵

　프로젝트 때문에 모인 그룹에는 한 사람의 진행자가 존재한다. 그는 현재 상황에 대한 구성원 공통의 이해를 이끌어낸다. 그리고 여러 가지

가능한 미래의 시나리오들을 탐색하고, 활동 마인드맵을 만들기 위해 그 중 하나의 시나리오를 선택하는 일을 주도한다.

전략 마인드맵 작업은 프로젝트 참가자들이 다음과 같은 일을 하는 데 도움을 준다.

- 현재 상황에 이르게 된 요인 파악
- 나아갈 방향에 대한 그룹 전체의 이해
- 미래를 결정짓는 트렌드와 도전 과제 발견
- 도전 과제에 대한 혁신적인 시나리오 탐색
- 선택한 시나리오를 실현시키기 위한 활동 계획 전개

전략 마인드맵이라는 이름은 괜히 존재하는 것이 아니다. 전략을 짜는 데 참여한다는 것은 프로젝트 참가자들 모두에게 매우 가치 있는 일이다.

우선 참가자들은 주제에 관한 자신의 아이디어를 포스트잇에 적는다. 그리고 이 포스트잇을 같은 진행 방향의 화살표를 따라 벽에 붙인다. 이것으로 벌써 한 단계가 성립된다. 그러나 이것만 가지고는 마인드맵이 제 힘을 다 발휘한 것이라고 할 수 없다.

여기에서 한 발자국 더 나아가 보자. 목표와 장애물을 그림으로 제대로 그리지 못할 이유가 무엇인가? 예를 들어, 두 개의 일 사

이에 애매한 부분은 늪지대로, 어려운 업무는 깨진 화살표로, 그리고 인사 관리나 다른 분야의 업무는 성채 모양으로 그리는 것은 어떨까?

상상력을 한껏 발휘하여 의미를 전달하는 비유적 표현을 담아 그리자. 이렇게 하면 그려진 대상을 희생양으로 삼아 비난해야만 할 때 그림에 대고 마음껏 비난할 수 있다. 이것은 자유롭게 스트레스를 쏟아내고, 경우에 따라서는 스스로의 행동을 돌이켜볼 수 있는 기회를 제공한다.

이제 모든 아이디어들과 정보들을 재빨리 캐치할 준비가 되었다. 프로젝트를 수행하는 팀은 민첩하게 개념들을 다룰 수 있어야 한다. 개념이란 비전을 공유하게끔 하는 핵심 요소이다. 비전을 공유해야만 프로젝트가 적당한 긴장 속에서 진행될 것이다.

전략 마인드맵의 목적은 여러 정보들의 복잡한 관계를 미리 보여주는 것이다. 정보들은 구성원들의 머릿속에, 회사의 서류들에, 웹사이트에 그리고 책 등 여러 곳에 흩어져 있다. 그런 다음, 이 정보들을 모아 머리를 맞대고 고민하는 첫 발을 내디디게 된다.

언제 이용할 것인가?

전략 마인드맵은 과거와 현재 상황, 미래의 경향, 그리고 시나리오들을 모두 포함한다.

프로젝트 시작 단계에서는 해결책과는 상관없이 단순히 문제를 제기하기 위해 전략 마인드맵을 만든다. 이것은 특히 모두 함께 상황을 진단하는 것으로부터 출발하여 여러 가지 기회를 찾아보기 위함이다.

프로젝트가 성공하기 위해 가장 중요한 것은 각 구성원들이 동일한 이미지를 머릿속에 담아 공유하고 있느냐 하는 것이다. 이러한 그룹 상상력은 프로젝트 현실화 전이라도 각 사람의 머릿속에 프로젝트가 존재할 수 있도록 해준다.

전략 마인드맵은 문제점을 파악하고, 그 문제점을 구성원 모두가 알도록 하는 데 활용되기도 하고, 각 과정을 지도화(地圖化)하고, 길을 열기 위해서도 활용된다. 하지만 아직 실행 단계는 아니다. 실행 단계는 활동 마인드맵에서 이루어지게 될 것이다.

어떻게 이용할 것인가?

프로젝트를 시작하는 단계에서는 아이디어들이 혼란스럽게 뒤얽혀 있다. 우리는 어떠한 문제든 대부분 동일한 의미의 개인적인 단편 정보들로 뒤섞여 있다는 것을 확인할 수 있다. 문제가 큰지 작은지는 단편적인 정보들의 수와 이 조각 정보들이 맺고 있는 관계 유형에 따라 결정된다. 이 관계 유형은 바로 마인드맵이 가져다주는 것들이다. 즉 키워드, 색깔, 그리고 그림 사이의 관계들 말이다.

만약 집을 짓거나 이벤트를 준비하거나 전략을 분석하는 것과 같은 프로젝트를 관리한다면, 우리가 알아야 할 것은 "단편적인 정보들로는 어떠한 것들이 있는가? 문제를 이해하고 효과적인 해결책이 나오게 하려면, 이 단편적인 정보들을 어떻게 정리해야 할까?"이다.

해결책을 찾기 위해서는 모두에게 익숙한 도구인 포스트잇을 사용하길 권한다.

아무데나 붙일 수 있는 메모 도구인 포스트잇은 어려운 문제 해결에 필요한 3가지 특징을 가지고 있다.

- 한 문제에 대한 정보의 일부분을 적어놓기에 적당한 크기이다.
- 미끌미끌한 표면에 붙이기가 쉽고 잘 떨어지지 않는다.

- 다시 떼기가 쉽고 빠르며, 여러 번 다시 붙일 수도 있다.

이러한 특징 덕에 포스트잇은 프로젝트 수행 시 문제 해결을 위한 기본 도구로 쓰기에 안성맞춤이다. 그룹 마인드맵을 만들 때 문제를 이해하는 단계에서 포스트잇을 사용한다. 다음 단계인 활동 계획을 수립하는 데에도 마찬가지이다.

단순한 도구를 사용할수록, 그 결과가 눈에 띄게 놀랍다는 것이 이제까지 우리가 경험한 바이다.

아이디어를 포스트잇에 하나씩 적는다. 한 사람이 적어놓은 것을 나머지 구성원들이 보고 읽는 것이 가능해야 한다. 이렇게 모은 포스트잇의 아이디어들이 프로젝트 수행에 있어서 기본 요소가 된다. 그리고 이 단편 정보들을 커다란 마인드맵으로 구성하는 것이 좋다. 이것은 현재 상태를 파악한 후에 전략 마인드맵과 활동 마인드맵을 만드는 데 쓰일 것이다.

마인드맵은 정보를 직선식으로 나열하지 않는다. 마인드맵을 쉽게 재구성하려면 방사형 모양을 이용하는 것이 좋다. 정보들을 모두 한 지면이나 화면(마인드맵 소프트웨어를 사용할 경우)에 모으게 되면 구성원들은 서로 다른 정보들을 연결시킬 수 있다. 또한 처음에는 중요하다고 여기지 않았거나 잊었던 정보들을 다시 발견할 수도 있다. 그리고 무엇보다 서로 논리적 연결이 가능하도록 메모를 이리저리 옮길 수 있다.

마인드맵이 그 능력을 최대한 발휘할 수 있도록 여러 색깔의 매직펜(종이의 특성상 벽에 얼룩이 남지 않도록 수용성으로), 사진, 그림 등을 이용한다. 즉 창의력을 활짝 펼칠 수 있는 것이면 무엇이든 좋다. 여러 번 붙였다 뗄 수 있도록 해주는 기능성 접착제는 이렇게 각자가 창의적으로 만든 사진이나 그림 등을 문서나 마인드맵 어디든지 원하는 곳에 붙일 수 있게 해준다. 우리는 아이디어를 전달하는 도구로서 글자만을 생각한다. 하지만 이미지나 색깔, 기호들도 더할 나위 없이 훌륭한 전달 도구임을 잊지 말자.

프로젝트 수행에는 다음과 같은 구성 요소들이 있다. 프로젝트 명칭, 프로젝트 참가자들, 목표, 장애물, 활동.

프로젝트 참가자들은 자신의 아이디어를 연습장 혹은 포스트잇에 다음과 같이 각각 다른 색깔로 표시할 것을 권한다.

- 프로젝트를 수행하는 사람들은 파란색
- 프로젝트의 목표들은 오렌지색
- 장애물들은 빨간색
- 활동은 노란색

아이디어를 글로 적는 방법 외에 그림으로 표현하는 방법이 있다. 자신이 그림에 자신이 없다면 간단하게 특징만 잡아서 아이디어를 스케치하면 된다. 일단 쓸모 있는 아이디어들이 모이게 되면, 이 아이디어들 사이에 그려진 화살표들을 따라 재구성을 한다. 파란색 포스트잇에는 사람 모양, 즉 프로젝트 참가자의 모습을 그림으로 그릴 수 있다. 각 참가자는 각자 알아서 자기 자신을 나타내는 그림 또는 간단한 스케치를 그린다. 그러면 자기를 그린 그림이 못생겼다고 불평하지는 않을 것이다! 오렌지색에 적힌 목표는 화살표의 과녁 모양으로 표시한다. 장애물들은 다양하게 그릴 수 있다. 예를 들어 산더미 같이 쌓인 서류라든지,

커뮤니케이션의 실패를 나타내기 위해 끊긴 전화선 같은 그림으로.

각각 퍼즐의 한 조각씩을 갖고 있지만 이제 조금씩 모두가 공통으로 느끼기 시작한 현실의 이미지를 마인드맵에 표시해나간다.

지금까지 진행된 마인드맵에는 3가지 요소가 들어 있다. 색깔, 아이디어, 그리고 그림들. 그림은 보자마자 의미를 바로 떠올릴 수 있게 하기 위한 것이다.

여러 번 붙였다 뗄 수 있는 메모지들은 네 가지, 즉 프로젝트 참가자들, 목표, 장애물, 활동으로 분류하여 일단 벽 위의 여유 공간에 붙여놓는다.

이제 종이 중앙에서부터 이 메모지들을 붙이기 시작한다. 종이 중앙에는 프로젝트의 이름이 적혀 있고, 거기에서 미리 그려놓은 가지들이 있다.

전략 마인드맵을 구성하는 명칭·목표·활동의 관계에 따라 아이디어들을 가져다 놓는다.

그 다음, 해야 할 활동(노란색)이 적힌 메모와 이 활동을 수행하는 사람들(파란색)을 적은 메모를 모아서 활동 마인드맵을 만든다. 이렇게 하면 프로젝트에서 누가 무엇을 할 것인가에 답할 수 있다. 노란색 포스트잇에는 기간에 대한 정보(시작일 및 종료일, 다른 업무 완수에 이어 해야 할 일, 이 기간 동안 이용할 수 있는 활용 자원 등등)를 담을 수 있다.

특정한 일에 딸린 일(하나의 일이 끝난 뒤에 시작할 수 있는 일들)은 갠트 차트$^{Gantt\ chart}$(각 활동에 걸리는 시간과 그것의 연계성을 수평의 막대 모양으로 표시한 도표)를 만들어서 해결할 수 있다. 마인드맵의 장점 중 하나는 프로젝트 참가자들의 상호 의존 관계가 어떻게 형성되어 있는지를 한눈에 알 수 있다는 것이다. 이것은 많은 도움을 준다.

프로젝트 팀장 자신도 누군가의 도움을 필요로 하는 관계에 있다. 모두가 서로 어디에 연결되어 있는지를 안다는 것은 회사가 돌아가는 시스템적 측면에 접근할 수 있게 해준다.

메모 및 메모들 간의 관계를 볼 수 있게 구성하면 서로 소통하는 정보들을 시각화할 수 있다. 많은 경우, 정보 발신자들은 그 정보가 어디에 쓰일지, 어떻게 일과 연결이 되고, 계속 이어져 나갈지 모르고 있다. 진짜 문제와 가짜 문제를 가려내는 일 또한 여기서 이루어진다.

효과는 다른 색깔을 이용한 화살표로 나타낼 수도 있다. 이렇게 하면 좀 더 현실성을 띤다는 이점이 생긴다. 예를 들어, 효과를 나타내는 빨간색 화살표는 아이디어끼리의 관계에 대해 일직선의 화살표가 보여주지 못하는 것을 좀 더 자세히 나타내준다. 이렇게 그림으로 표현되는 현실적 이미지는 프로젝트 수행자들이 함께 참여하는 과정을 통해 공동으로 만들어진다.

과거에 대한 마인드맵

과거를 간략히 살펴보면 현재의 상황을 판단하는 데 도움이 된다. 그리고 이를 통해 프로젝트 참가자들은 프로젝트의 주제가 지닌 맥락을 시간의 흐름 속에서 파악하게 된다. 하지만 과거를 돌아보는 데 걸리는 시간은 되도록 짧아야 한다. 지나치게 자세한 분석은 피하는 것이 좋다. 과거를 살펴본 결과는 팀의 구성원들이 아이디어들을 서로 공유하게 할 수 있는 첫걸음이 된다. 벽에 포스트잇을 날짜별로 분류해 모아놓고 '연도', '경향', '선택' 가지에 과거와 관련된 사항을 붙인다.

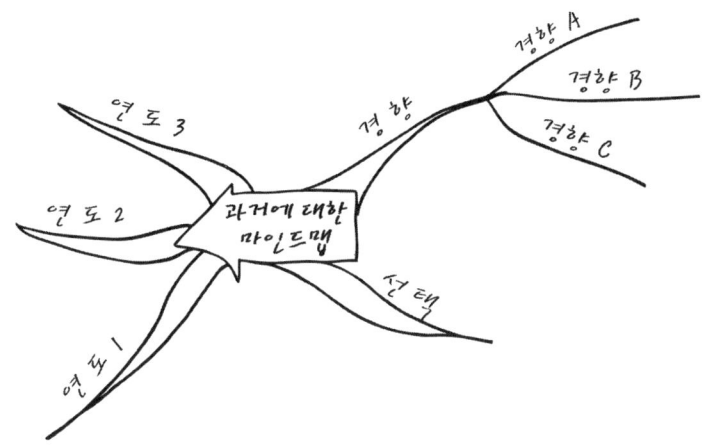

   과거의 사항들을 마인드맵에 나타내는 동안, 프로젝트 팀원들은 과거 그들이 겪었고, 지금 겪고 있고, 앞으로 겪을 일들 사이의 관계를 직시하기 시작할 것이다. 벽에 붙여놓은 마인드맵의 시각적인 틀은 각 팀원의 문화적 배경을 포함한다. 각자가 최선의 결과를 가지고 왔을 때를 고려하여 마인드맵을 작성한다. 이렇게 하면, 각자는 다른 사람들의 과제와 자신의 과제를 어떻게 연계시킬 것인가를 이해하기 시작한다. 서로가 경쟁 시스템 안에 있는 것이 아니라 서로를 배우기 위해 상대방을 초대하게 된다.

■ **조직의 역사에 대한 마인드맵**

   조직의 역사에 대한 마인드맵은 한 조직의 역사적 유산이 무엇인지 파악할 수 있는 매우 효과적인 수단이다. 조직이 부딪쳤던 도전들, 그에 대한 극복기, 성공 스토리와 이를 통해 얻은 교훈들, 근본 가치들, 그리고 경험으로부터 얻은 경쟁력 등이 그 유산일 것이다.

   이 마인드맵의 목적은 조직의 과거와 조직이 선택했던 경영 방침을 올바르게 평가하는 것이다. 조직 안에서 구성원들의 참여를 통해 과거에 대한 평가를 하는 것은 중요하다. 조직에 관한 관점이 다양하면 다양할수록 더 많은 사람들이 참여하게 될 것이며, 성공적인 조직의 변화가 이루어질 가능성도 높아지게 될 것이다.

토고의 속담 중에 이런 말이 있다. "우리가 어디로 가야 할지 모른다면, 어디서 왔는지부터 생각해보라."

이 속담을 어떻게 실행에 옮길 수 있을까? 우선 다음 3개의 질문을 던져보자.

- 우리는 전에 무슨 일을 했는가?
- 어떻게 그 일을 했는가?
- 전에는 어디로 가고자 했는가?

회의실의 벽면에 커다란 종이를 붙이는 것으로 시작하자. 구성원들은 포스트잇을 활용하여 각자 기억하는 사건들을 3개의 시간축, 즉 개인 시간축, 조직 시간축, 전체 시간축의 중심 위치에 있는 지점에서부터 표시해나간다. 이를 통해 프로젝트 팀원들이 인식하는 내용, 과거 사건들의 관계, 당시의 장애물들, 얻은 결과들, 그리고 그 결과들을 얻기 위해 해야 했던 일들이 무엇이었는지 알 수 있다. 가능하면 당시의 사진과 문서, 더 나아가 그 당시 생산품의 샘플을 덧붙일 수도 있다. 이렇게 해서 주기적으로 반복되거나 급격하게 오는 위기의 순간을 피할 수 있으며, 더 나아가 안락한 일상과 이별하고 고통스런 선택을 해야 할 당위성을 깨닫게 된다.

마인드맵은 파트너들 사이에 존재할 수 있는 오해의 장벽들을 제거하는 데 효과적이다. 갈등이 생기는 근본적 이유는 서로가 오직 자신만의 방법을 통해 문제를 해결하는 것이 가능하다고 생각하기 때문이다. 마인드맵은 다른 사람들의 관점을 보여준다. 마인드맵은 개인적인 관점에 치우친 초점을 바꿔주고, 다른 방법으로 해결할 기회를 만들어준다.

6~8명으로 구성된 팀을 짜서 팀별로 과거의 각 시기별 경향을 분석한다. 사람들은 미래에 대해 어떤 가설을 세웠을까? 당시의 경향과 가정들이 다음에 올 것들에 어떤 영향을 미칠 것인가?

9월 11일을 예로 들어보자. 전체 시간축 상에는 쌍둥이 빌딩이 있다. 조직 시간축 상에는 비지피라트Vigipirate (프랑스의 종합 국내 치안 대책 _옮긴이) 안전 대책이 있으며, 개인 시간축 상에는 휴가 목적지에 대한 변화가 있게 된다. 마인드맵은 이 세 가지 사건을 하나의 축으로 연결시킨다. 이 때 이 마인드맵을 조직의 역사 마인드맵이라 할 수 있겠다.

■ 회사의 성공을 보여주는 마인드맵

회사의 성공에 대해 보여주는 또 다른 종류의 마인드맵이 있다. 이 마인드맵은 조직의 뿌리를 파헤쳐 장점을 밖으로 드러내는 동시에 회사 직원과 고객들이 성공을 자신의 것으로 여길 수 있게 하여, 지속적으로 회사에 대해 신뢰하는 마음을 가질 수 있게 한다.

현재에 대한 마인드맵

지금까지 과거에 관한 마인드맵을 만들었다면, 이번에 만들 마인드맵은 현재 상황의 문제를 타개해가는 역할을 할 것이다. 가지들은 이제 더 길어진다. 아니면 아예 새로운 마인드맵으로 시작할 수도 있다.

전체 회의에서 주제의 범위를 정한 후, 6~8명의 소그룹으로 나누어 각 그룹마다 마인드맵을 만들어도 좋다. 각 팀별로 만든 마인드맵은 이후 함께 취합해서 하나의 큰 마인드맵으로 만들 것이다. 각 소그룹은 같은 주제를 마인드맵하거나, 특정 분야에 대해 더 자세히 검토하는 작업을 진행한다. 안내 데스크 조직에 대한 프로젝트에서, 한 그룹은 방문 고객을 상대하는 일을 맡고, 또 한 그룹은 전화 안내를, 그리고 또 다른 그룹은 중요 인사 접대를 맡을 수 있다. 각 그룹은 전체 그룹 앞에서 자신들이 작성한 마인드맵을 발표하여 토론의 시간을 갖고, 중요 사항 등을 결정지을 수 있다. 이렇게 해서 그룹 전체가 모여서 안내 데스크의 기능에 대한 총괄적인 과정을 만든다.

마인드맵은 구성원들이 그린 그림들 덕분에 토론 진행 과정의 발자취를 보존할 수 있다. 특히 이 일을 하는 이유가 무엇인지, 이 과정을 통해 회사, 환경, 그리고 경제적인 측면에서 어떠한 이익을 얻을 수 있는지 등을 설명해준다. 또한 어떠한 장애물이 존재하는지도 예견할 수 있다.

■ 상황 마인드맵

모든 조직은 끊임없이 변화하는 복잡한 상황 속에 존재한다. 현재의 환경을 이해하고 미래가 어떻게 변할 것인지 연구하는 기업은 기회를 잡게 되고 위험에 대비할 수 있는 준비가 잘 되어 있다. 상황 마인드맵은 시대의 흐름과 불확실성에 대한 평가를 시각적 구조를 통해 전달한다. 시각적 구조는 마인드맵을 보는 사람이 정보들을 쉽게 파악할 수 있도록 해준다.

■ 어떻게 할 것인가?

상황 마인드맵에선, 마인드맵을 작성하는 과정에서 떠오른 모든 정보들을 이용하는 것이 가능하다. 커다란 종이를 벽에 붙여 만든 마인드맵에 정보들을 옮겨 적는다. 다음 회의에 이것을 공개하고 시각적 효과를 높이기 위해 칼라 복사를 해서 모두에게 나누어준다.

마인드맵을 만드는 작업은 구성원들이 공동의 운명, 같은 비전을 공유하는 것이다. 마인드맵은 손으로 직접 만들어도 되고, 실시간으로 저장된 문서를 보낼 수 있는 마인드맵 소프트웨어를 이용해도 된다.

위에서 언급했던 조직의 역사에 대한 마인드맵처럼 이번에도 3개의 질문을 던진다. 물론 이번에는 현재의 상황과 결부된 질문들이다.

- 현재 우리는 무엇을 하고 있는가?
- 어떻게 하고 있는가?
- 어디로 나아가길 원하는가?

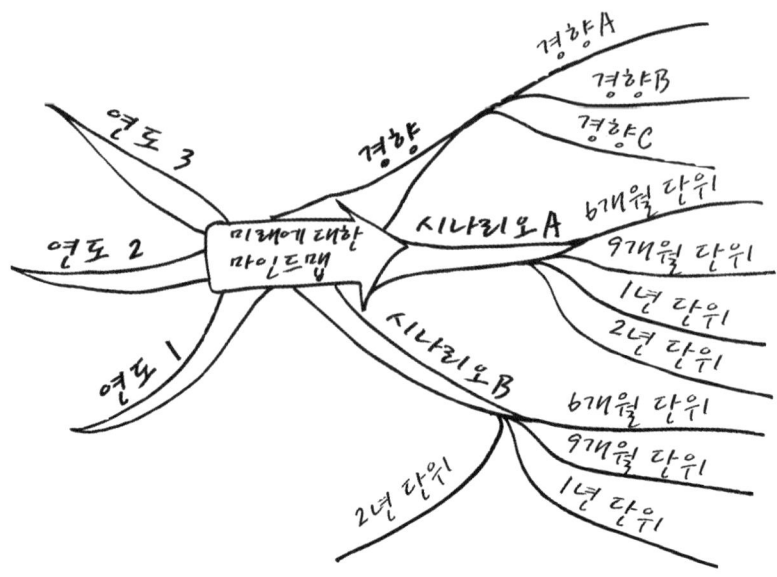

미래에 대한 마인드맵

　미래 마인드맵의 골격은 희망하는 시나리오에 따라 아이디어들을 분류하게 해준다. 각 시나리오를 구분할 때 번호를 매기기보다는 알파벳과 같은 기호 표시를 한다. 번호는 의식적이건 무의식적이건 간에 사전적 선택 혹은 등급 매기기를 하게 만들기 때문이다.

　시나리오들을 서로 구분하는 데 각각 다른 색깔을 이용하면 좋다.

전체적인 시각을 갖게 하는 마인드맵 단계

- 목표 : 조직의 비전과 함께 단기적, 중기적 목표를 나열한다.
- 환경 : 일반적으로 프로젝트는 업무를 맡은 팀원들과 작업실에서 수행한다.

- 기간 : 열 사람이 한두 시간 동안 작업한다(좀 더 큰 규모의 그룹은 소그룹으로 나눈다).

■ 전략적 비전을 위한 마인드맵

조직의 비전을 몇 마디 단어로 정의하려고 한다면, 복잡하고 뒤죽박죽 혼란스러운 형식의 비전이 되거나 너무 단순화된 형식의 비전이 되거나 둘 중의 하나다. 비전 마인드맵은 원하는 미래와 그 성취를 위한 전략적 행동을 제시한다. 그래서 조직은 비전을 그래픽 이미지 형태로 옮기려는 시도를 한다. 그래픽 이미지 형태의 비전은 보는 사람의 시선을 끌어 게임에 참여시키고 나아가 제시된 목적을 자기 것으로 여기게 한다. 어디로 가야 하는 것인지 알지 못하는 상태보다 우리를 기다리고 있는 것이 무엇인지 알고 있을 때, 목표를 향해 나아가려는 동기가 생기는 것이다.

■ 어떻게 할 것인가?

조직의 역사에 대한 마인드맵, 상황 마인드맵에서와 동일한 3개의 질문을 한다. 이번에는 미래에 관련된 질문들이다.

- 내일은 무엇을 해야 하는가?
- 어떻게 해야 하는가?
- 어디를 향해 함께 나아가기를 원하는가?

아주 중요한 이 질문들은 단연코 전략적이다. 미래 속의 자신을 상상하고 그 입장이 되어보면, 미래를 자신의 것으로 만들 가능성이 더욱 높아진다.

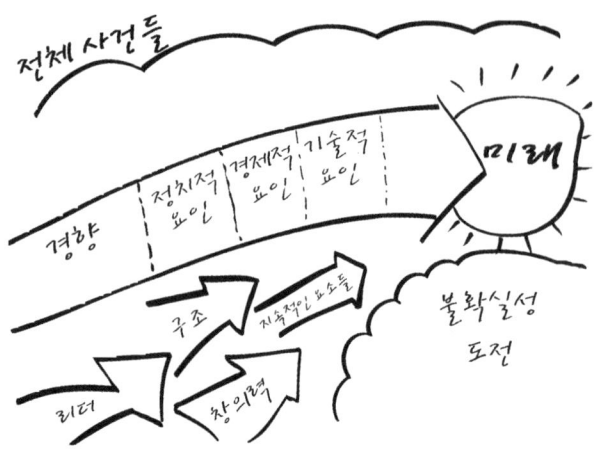

활동 마인드맵

활동 마인드맵은 누가, 언제, 무엇을 할 것인가? 라는 질문에 답하면서 작성 과정을 마친다.

활동 마인드맵의 목표

활동 마인드맵은 무엇을 이루어야 하고, 어떠한 순서에 따라서 무슨 활동을 해야 하는지를 정하기 위해 만든다. 기본적으로 활동 마인드맵은 전략 마인드맵을 구체화한 형태이다. 따라서 활동 마인드맵은 목표 달성에 필요한 전술적 활동을 위한 마인드맵인 것이다. 이 활동 마인드맵의 메모들은 대부분 구체적인 활동을 표시한다. 활동은 넓은 의미를 지닌 '상품 판매'에서부터 좀 더 구체적 활동을 가리키는 '하청업체 정하기', 혹은 '회의 조직' 등이 될 수 있다. 화살표는 일반적으로 '~을 따라감'이란 뜻이다.

대부분의 활동 마인드맵에서 각 가지별 메모는 같은 단계 수준의 활동을 표시하도록 한다. '집짓기'와 '하청업체 정하기'라는 두 활동이 마인드맵 구성에서 같은 단계의 가지에 있을 수는 없다. 활동은 여러 단계로 나뉠 수 있다. 마인드맵에 기재한 단순한 메모는 단계 분류에 따라 하위 가지로 조정되거나 필요하면 또 다른 하위 마인드맵으로 발전한다. 이러한 방식으로 전체 조직 활동을 단계별로 조직화하여 마인드맵에 나타낸다.

전략 마인드맵에서 기회, 장애물, 목표들을 확인한 후에는 어떠한 활동을 해야 할지를 정해야 한다. 예를 들어, 이러저러한 목표가 있다면 어떤 활동을 시작해야 하는가? 마찬가지로 어떤 장애물이 있을 때 피하기 위해서는 해야 할 활동과 수행할 사람, 기한 및 사용 가능한 자원 등을 결정해야 한다.

마인드맵이 너무 크거나 너무 많은 활동들로 인해 더 커질 거라고 예상된다면, 하위 단계의 마인드맵을 추가로 만드는 것이 가능하다. 하위 단계 마인드맵은 원래 마인드맵의 가지 중 하나에서 출발한다. 이때 원래 마인드맵 가지 위에 적힌 핵심어가 하위 단계 마인드맵의 중심이미지가 된다. 프로젝트 참가자는 활동 개시일 및 종료일, 경우에 따라서는 진척률을 적은 포스트잇을 마인드맵에 붙일 수 있다.

회의가 진행될 때마다, 각 활동이 어느 정도 진전되고 있는지 훑어보자. 마인드맵 소프트웨어나 빠른 프로젝트 관리 소프트웨어 프로그램을 이용한다면, 지면이나 통신(메신저나 사내 메일) 수단을 이용해 갠트차트로 만들어 보낼 수도 있다.

어떻게 실현할 것인가?

마인드맵을 이용한다면 프로젝트 팀은 프로젝트 진행 사항을 언제라도 파악할 수 있다.

마인드맵은 핵심 정보들의 발자취를 간직해놓는다. 일반적으로 볼 수 있는 나열식 문서는 틀을 벗어나지도 못하고, 창의력을 발휘하기도 힘들다. 이러한 나열식 시스템을 사용하면 생각의 범위가 리스트의 처음과 끝으로 한정된다. 의식적이건 아니건 간에, 정보를 접하는 사람은 처음에 나오는 정보들을 다른 정보들보다 더 중요하고 급한 것으로 간주한다. 그리고 페이지를 넘기기만 하면, 이전 페이지의 중요한 사항을 금세 잊어버리게 된다.

마인드맵은 정보를 순서대로 나열하지 않는다. 방사형으로 놓인 정보들은 쉽게 재구성할 수 있다. 종이 위에나 컴퓨터 화면상에 모인 모든 정보를 가지고 구성원들은 서로 다른 정보들을 연결시킬 수 있다. 또한 처음에는 중요하다고 여기지 않았거나 잊었던 정보들을 다시 발견할 수도 있다. 그리고 무엇보다 서로 간에 논리적 연결이 가능하도록 메모를 이리저리 이동할 수 있다.

활동 마인드맵은 누가, 무엇을, 어떻게 그리고 언제 행할 것인지를 구체적으로 표시한다.

또한 활동 방법이나, 기한, 업무 간의 연계성, 기대하는 결과들, 이용할 자원들에 대한 구체적 사항도 표시한다. 이렇게 작성된 마인드맵은 일정 기간 동안 프로젝트를 수행하는 데 이용될 것이다. 각각의 마인드맵은 각 활동 수행자에게 보내진다.

프로젝트의 진행에 따라 가지가 더욱더 확장되며, 실현된 활동들과 아직 실현되지 않은 활동들이 표시되어 있는 마인드맵을 계속 재활용한다면 프로젝트의 전 과정을 머릿속에 보존할 수 있다.

프로젝트를 이끌어가기 위해 마인드맵에서 정해진 목표들

프로젝트를 성공적으로 이끈다는 것은 창의력과 엄격함, 논리성 그리고 통합 능력을 요구하는 것이다. 창의력과 엄격함을 동시에 가져야 한다고 하면 좀 어려운 일처럼 보일 수도 있다. 하지만 프로젝트의 최종 목표에 다다르기 위해서, 각각 서로 다른 단계들을 연속적으로 거쳐야 하기 때문에 창의력과 엄격함을 동시에 갖는 것은 매우 중요하다. 훌륭한 프로젝트는 항상 창의적인 생각 단계에서부터 시작된다. 왜냐하면, 이 창의적인 생각은 분석과 결정, 실행, 평가 단계로 넘어가기 전에 이미 기존 질서를 바꿀 것이기 때문이다.

사실, 모든 것은 프로젝트 진행 내내 독창적이고 논리적이며 통합적인 정보 시스템의 역할을 수행하는 마인드맵의 사용에 달려 있다. 마인드맵은 프로젝트 참가자들에게서 창의력을 이끌어낸다. 프로젝트 마인드맵의 목표는 다음과 같다. 첫째, 혁신적인 해결책을 떠오르게 한다. 둘째, 목표를 명백하게 표현하는 것을 돕는다. 셋째, 서로 다른 시나리오들을 분석한다. 넷째, 의사결정을 돕는다. 다섯째, 실현 계획을 세운다. 여섯째, 프로젝트 팀원들, 조언자들 그리고 최종 수혜자들 간에 커뮤니케이션을 원활하게 해준다(예를 들어 프로젝트에 대한 의견서, 사용법, 그리고 과정을 기록할 경우). 일곱째, 프로젝트를 기록한다. 마

지막으로 상품이나 서비스의 최종 평가를 가능하게 해준다.

프로젝트 진행 과정에서의 점진적인 발전

마인드맵은 끊임없는 조정 과정을 통해 차고 넘치는 아이디어들로 무질서했던 최초의 상태에서 세밀한 계획서로 발전하게 한다. 프로젝트의 맨 처음 단계에서 마인드맵은 참가자들의 여러 의견과 아이디어, 브레인스토밍brainstorming을 담아내는데, 이에 따라 점점 더 세밀한 형식을 갖춘 계획으로 발전하게 된다. 처음의 아이디어에서부터 프로젝트가 진행되는 동안 덧붙여지는 모든 요소들, 키워드, 프로젝트 기간 동안의 보고서 등 모든 것을 포함한다.

마인드맵에서는 언제라도 정보의 재배치가 가능하다. 마인드맵 사용자는 자신이 선택한 기준에 따라 색깔, 장소, 날짜, 형태, 이미지 그리고 스케치 등을 이용하여 관심 있는 모든 정보들을 시각화할 수 있다. 따라서 이제 논리적이고 지속적으로 성장하는 마인드맵을 만들고 사용하기만 하면 된다.

마인드맵에 일러두기를 적어둔다

일러두기를 적는 것은 프로젝트의 비전을 수립하는 데 가장 기본적인 요소이다. 마인드맵을 만드는 데 있어서 일러두기는 절대 빼놓을 수 없는 원칙이다.

반드시 프로젝트의 명칭을 정한다

- 그래픽적 요소와 단어들의 균형을 맞추기 위해 단어의 수를 제한한다.
- 색깔을 이용하되, 너무 많은 색을 쓰지는 않는다. 두세 가지의 색을 이용하는 것이 여러 가지 색을 이용하는 것보다 더 효과적이다.
- 일러두기에 선택한 색깔과 사용한 상징적 기호가 무엇을 뜻하는지 적어둔다.
- 페이지 밑에 날짜와 작성자를 적는다. 이렇게 하면 프로젝트를 정리하고 보고서를 읽을 때 수월하다.

실제 적용 사례

정부 행정 기관의 서비스 개선 프로젝트에 마인드맵을 사용한 예를 소개한다. 이 정부 기관은 더 이상 독점을 유지하지 못하는 상황에 당면해 있었다.

전략 단계에서 아이디어들을 재구성하였을 때 얻은 가장 중요한 첫 번째 변화 요소는 시간 절약이었다. 사라진 핵심적 요소들은 무엇인가? 아이디어들을 모으기 위해 두 번의 회의를 가졌고, 여기에서 나온 개선 사항들을 포스트잇에 적어놓고 이것들을 주제별로 다시 분류하였다. 분류 작업은 신속히 진행되었고, 약 60여 개의 아이디어들을 사등분한 커다란 종이에 분류하여 붙였다. 그리고 나서, 중요도에 따라 사항을 분류하여 선택하였다.

이 자료를 가지고 마인드맵으로 정리하였는데, 중요도에 따라 다음과 같은 4개의 주가지가 작성되었다.

- 긴급하고 중요한 사항
- 긴급하지만 별로 중요하지 않은 사항
- 긴급하지 않지만 중요한 사항
- 긴급하지도 중요하지도 않은 사항

또 다른 예를 소개한다. 3만 명의 주민이 사는 소도시에서 이틀 동안 열린 세미나에 17명의 소도시 관료가 참석하였다.

이들 관료들은 함께 작성한 마인드맵을 통해 내부와 외부 커뮤니케이션을 담당한 두 부서가 거의 같은 일을 하고 있었음을 알게 되었다. 다음날, 관료들은 그들의 공동 프로젝트 명칭을 인트렉스^{INTREX}(내부와 외부의 통합 단축, 내부를 뜻하는 interne와 외부를 뜻하는 externe를 축약한 말)라고 지었다. 프로젝트의 내용은 내부 부서와 외부 부서의 서비스를 하나로 통합해내는 것이었다. 실제로 별다른 반발과 저항 없이 조직 내에서 이러한 통합을 이루어내려면 얼마나 많은 시간이 필요할 것인가?

이 세미나에서 작성한 마인드맵에서 발견한 또 하나의 사실은 서로 다른 세 부서가 그 도시 안에 있는 최신 기업 관련 자료를 동시에 찾고 있었다는 것이다. 한 부서는 소득세 관련 부서였고, 다른 부서는 재해 대책 관련 부서, 그리고 나머지 한 부서는 경제 발전 관련 부서였다. 세 사무실은 서로 붙어 있었지만, 그들 부서에 속한 그 누구도 다른 부서가 자기네와 같은 최신 기업 관련 기초 자료를 찾고 있다는 사실을 전혀 알지 못했다. 마인드맵은 세 부서 간에 협력할 수 있는 소지가 충분하다는 사실을 그들 스스로 깨닫게 해주었다. 우리는 많은 조직이 위의 예와 비슷한 상황에 있을 수 있다고 장담한다.

마인드맵에 부가된 가치

전략 마인드맵과 활동 마인드맵 단계를 실행하면서 우리는 여러 장점들을 관찰할 수 있다.

전략 마인드맵의 단계

전략 마인드맵 단계에서, 마인드맵은 다음과 같은 다섯 가지 사항을 가능하게 해준다. 첫째, 일상적인 한계 넘어서기. 둘째, 공통의 비전 세우기. 셋째, 다양한 곳에서 나온 관련 정보들을 단시간 내 수집하기. 넷째, 3가지 선택을 통한 마인드맵 읽기. 다섯째, 개인별 마인드맵 정보 이해 속도 차이 고려하기. 이 다섯 가지 사항에 대해 더 자세히 살펴보자.

한계 넘어서기

마인드맵 과정의 막바지에 다다르게 되면, 더 이상 아무 생각도 나질 않는다. 마인드맵 유저들 사이에서 비교적 잘 알려진 이러한 증상에 대해 좀 더 살펴보자. 마인드맵의 한계, 그것을 정하는 것은 바로 자신이다. 우리는 언제든지 그 한계를 밀어낼 수 있는 능력을 누구나 갖고 있다. 마인드맵을 통한 정보 시스템은 무한한 우주처럼 끝없이 이미지로 확장될 수 있다. 이것은 에드가 모랭 Edgar Morin (프랑스의 사회학자 _옮긴이)이 지적한 바와 같다. "무질서(구조적 무질서)에서 질서로의 변화는 기존의 구조에 새로운 기능과 능력이 덧붙여져 이루어지는 것이다." 사실상, 우리가 다가가고자 하는 새로운 세상의 모습은 우리가 가지고 있던 기존 이미지를 대체하는 것이 아니라 기존 이미지가 확장되는 것이다.

공통의 비전 세우기

프로젝트의 성공 여부는 어지럽게 널려 있는 카오스 상태의 다양한 에너지들을 정리된 활동 계획으로 만들어 가장 경제적인 프로젝트 실행 수단을 어떻게 얻느냐에 달려 있다. 전략 마인드맵은 우선 각 구성원들의 의견, 아이디어 등을 모은다. 그리고 이렇게 모아진 것들을 가지고 하나의 공통 이미지와 비전으로 통합하고 전환시킨다. 활동 계획 마인드맵은 누가, 무엇을, 언제 해야 하는지 말해준다.

따라서 위의 두 개의 마인드맵, 전략 마인드맵과 활동 계획 마인드맵만 가지고 있다면, 아무 문제 없이 프로젝트 관리를 할 수 있다.

프로젝트를 진행하면서 해야 할 일은 엄청나게 많다. 현재의 상황을 바꾸는 일이 하루아침에 될 리가 없기 때문이다. 따라서 사용하기 쉬운 도구를 이용하는 것은 프로젝트 관리에서 꼭 필요한 것이다.

전략 마인드맵은 모두가 참여하는 공동 작업으로 이루어진다. 이는 자리를 차지하고, 자리를 유지하기 위해 남들과 경쟁하는 개인 작업과는 정반대인 것이다. 이렇게 개념과 이미지를 새롭게 전환하는 것은 세

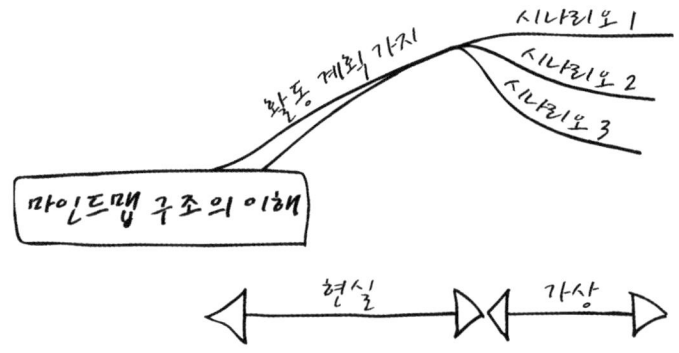

상을 보는, 그리고 자기 자신을 보는 시각을 근본적으로 바꾸어준다. 우리의 생각은 지금까지 접근하지 못했던 방향으로 나아갈 수 있게 된다. 각자는 주변에 어떤 일이 일어나고 있는지 볼 수 있고, 적극적으로 활동에 참여하게 된다.

주가지 단계의 '현실' 부분은 추가되는 부가지들로 연결되어 길어질 수 있다. 이 부가지들은 여러 가지 가능한 시나리오('가상' 부분)들을 하나하나 고려할 수 있게 해준다.

새로이 만들어진 추가 부가지들은 앞으로 다가올 시간과 다음 해의 새로운 일들을 알려준다. 프로젝트의 문제는 희소 자원을 가진 시간과 공간 속에서 효율적으로 제대로 관리해야 한다는 것인데, 새로 추가되는 가지들은 시간과 장소를 동시에 고려하면서 진행할 수 있게 해준다. 공통의 비전은 조직이 가지고 있는 가장 강력한 힘이자 기업이 존재하는 이유이며, 조직 구성원들에게 에너지를 제공한다. 그리고 또한 창의력을 몇 배로 키워준다. 공통의 비전은 각 개인의 열망을 반영해야 한다. 그 공통 비전이 모든 구성원들을 변화시켜 주기를 원한다면 말이다.

여러 분야의 정보를 신속하게 모으기

마인드맵 형식을 이용하여 신속하게 메모를 하는 것은 프로젝트를 실제로 실행하기 이전 단계에서 유용하게 쓰인다. 예를 들어, 전략 마인드맵을 만들 때 이 점을 확인할 수 있다. 목표, 프로젝트가 다루는 분야의 범위, 구성원들이 통일하여 사용하기로 정한 용어들, 아이디어 캐치, 그리고 서로 다른 관점들에 대해 메모한다. 프로젝트를 계획하는 과정은 모든 구성원들 앞에서 직접 진행된다. 우선 공통의 비전을 세운 다음, 활동 계획서를 짠다. 활동 계획에 관한 첫 회의에서는 역할 분배를 한다. 그 다음 번 회의에서는 활동 진척 사항을 살펴 다음 계획을 짜고, 활동이 늦어진 사람들에 대한 조정을 하며, 만약 필요하면 역할을 바꾸게 한다.

3가지 선택을 통한 마인드맵 읽기

마인드맵은 세 단계로 나누어 선택하여 읽도록 한다. 세 단계란 우선 전체적으로 훑어보기, 다음으로 부분별로 읽기, 그리고 마지막으로 자세히 읽기로 나뉜다. 첫 번째 단계의 읽기에서는 프로젝트의 전체적 진행 상황이 한눈에 파악된다. 두 번째 부분별 읽기에서는 한 구성원에게 맡겨진 부분의 진행 상태에 대해 알 수 있다. 마지막 세 번째 단계에서는 활동 하나하나에 대한 자세한 진행 상태를 알 수 있다. 우리는 이것을 시간과 연계하여 읽는다. 즉, 시작한 날짜와 끝날 것으로 예상되는 날짜, 그리고 일의 진행 정도를 알 수 있는 것이다.

마인드맵에 나타나 있는 활동 단위들을 위의 세 가지 방법을 통해 읽어보자. 우선 첫째 방법은 마인드맵 전체를 보고 파악한다. 이는 전체적으로 훑어보기(매크로 독법)로 전체적인 시각을 갖게 해준다. 두 번째 방법은 나무 모양의 구조를 살피는 것으로, 부분별로 읽기(메조 독법)라고 할 수 있다. 예를 들어 이 방법을 사용하면 각각의 목표 영역을 볼 수 있다. 셋째 방법은 가지들을 자세히 읽는 것으로 각 세부 활동을 파악할 수 있게 해주는 자세히 읽기(미크로 독법)이다. 기존의 나열식 흑백 문서에서는 절대 이렇게 읽을 수 없다.

이러한 세 가지 선택권을 가진 읽기는 나열식 문서와 비교할 때 마인드맵에만 있는 장점 중 하나이다. 나열식 문서에는 목차 보기와 텍스트 전체 읽기, 이 두 가지 단계 외에는 존재하지 않는다. 하지만 마인드맵은 선택에 따라 전체적인 시점(거시적 시점)으로 바라볼 수도, 꼼꼼하게 자세히(미시적 시점) 살펴볼 수도 있다. 이는 프로젝트의 질적 향상을 위해 매우 중요하다.

정보를 받아들이는 속도

종종 우리는 매체의 전달 형식에는 신경을 쓰는 반면, 정보를 받아들이는 사람 자체에는 신경을 덜 쓰게 된다. 다함께 마인드맵을 만들 때에는 필립 마렉$^{Philippe\ Maarek}$이 '운동에 필요한 최소한의 힘' (필립 마렉, 《매체와 오해》, EDILIG 출판사, 1986)이라 부른 것을 잊어서는 안 된다. 이것은 수신자가 정보를 받아들이는 속도를 조절할 수 있는가 없는가에 관한 것이다. 즉, 접한 정보를 받아들이고, 이해하는 능력에 관한 것이다. 정보 수용에 필요한 최소한의 힘이 많이 요구될수록 수신자는 수동적이 되고, 발신자와 매체에 종속되게 된다.

반대로 최소한 들여야 하는 힘이 약할수록 상호 작용과 커뮤니케이션은 수월해진다. 이때 커뮤니케이션은 상대방의 리듬에 맞춰 진행된다.

활동 계획의 단계

활동 마인드맵을 진행하면 다음과 같은 장점이 생긴다.

- 프로젝트를 실현하는 데 필요한 정보의 순환이 빠르다.
- 프로젝트를 발표한 후, 초기의 마인드맵이 향상된다.
- 프로젝트 진행자들 사이의 종합적인 커뮤니케이션이 훨씬 더 원활하다.

빠르게 진행되는 프로젝트에 적합한 정보 시스템

마인드맵을 통해서는 프로젝트의 모든 정보들에 즉시 접근할 수 있다. 특히 종이로 작성했을 때 더욱더 그러하다 하겠다. 누가, 무슨 일을 하고 있는지 쉽게 알 수 있다. 컴퓨터로 작성할 경우에는 아무 가지에나 다양한 문서를 연결할 수 있기 때문에 프로젝트에 적합한 정보 시스템을 만들 수 있다. 이것은 프로젝트를 관리하는 데 커다란 장점을 제공한다. 평상시에 회사에서는 프로젝트처럼 특수한 업무보다 일반적인 업무를 주로 하기 마련이다. 일상적인 업무에서 다뤄보지 않았던 프로젝트와 같은 특수한 업무를 수행하기 위해서는 특별한 정보 시스템 구축이 필요하다. 앞에서 언급한 마인드맵 소프트웨어 프로그램을 이용한 정보 시스템이 있다면 프로젝트 관리를 성공적으로 수행할 수가 있다.

마인드맵의 각 가지에는 다양한 형식의 컴퓨터 문서(텍스트 파일, 메일, 도표, 파워포인트 같은 프레젠테이션 문서, 이미지, 심지어 음향이나 비디오까지도)를 연결할 수가 있다. 액세스Access 같은 데이터베이스보다 더 유연한 마인드맵은 정보들을 미리 정해진 틀 안에 가두어 두지 않는다. 인류 역사상 지금까지 발전해온 데이터 처리 방식을 잠시 살펴보자. 문자가 발명된 후, 인간은 기억을 하기 위해 리스트를 만들어 사용해왔다(예를 들어, 고대 이집트의 무덤에서 발견된 리스트들). 그 이후 사람들은 글자와 더불어 도표를 함께 사용하게 되었다(멀티 플랜이나 엑셀 같은 컴퓨터 프로그램이 만들어진 것은 불과 20년 전이다). 그리고 마침내 하이퍼텍스트, 즉 HTML 형식을 통해 웹상에서 연결하는 단계에 이르렀다. 그리고 이제 마인드맵을 활용해 정보를 처리하는 시대에 우리는 살고 있다.

따라서 프로젝트를 문서화하는 것은 단순히 마인드맵을 모으는 것만으로도 가능하다. 이 마인드맵들은 프로젝트에 대한 의견서이고, 메신저나 사내 메일 혹은 지면을 통해 회의 보고서 등으로 모두에게 전달될 수 있다.

만족할 만한 결실을 맺기 위해서는 마인드맵이 프로젝트의 궁극적 목표에 맞추어 작성되어야 한다.

마인드맵을 통해 무엇을 얻고 싶은가 뿐만 아니라, 누가, 언제, 왜 마인드맵을 사용할 것인가도 포함되어야 한다는 의미이다.

마인드맵의 역할은 다음과 같다.

- 머릿속을 마구 휘저어서 나온 처음의 생각을 구체화한다.
- 프로젝트의 구체적 목표를 정의한다.
- 각 구성원들에게 프로젝트의 요소들을 설명하고, 서로 이에 대한 의견을 교환하게 한다.
- 각자에게 그들의 역할이 무엇인지, 그리고 그 역할이 전체 프로젝트에 어떻게 통합될 것인지를 설명한다.
- 앞으로 해야 할 일들에 대한 리스트를 준비한다.
- 프로젝트 과정 중간 중간에 제출해야 하는 보고서로 쓰인다.

시스템적 접근

마인드맵은 하나의 중요한 요소를 가지고 있다. 그것은 마인드맵이 다양한 기능을 덧붙일 수 있으며, 덧붙여진 기능 가운데 또 다른 새로운 기능을 덧붙일 수 있다는 것이다. 하나의 예를 들어보자. 만약 테이블 위에 완전히 해체된 자전거 한 대를 올려놓는다고 하자. 이것을 가지고 우리가 할 수 있는 일은 거의 없을 것이다. 하지만 반대로 우리가 이것을 잘 조립해서 하나의 완전한 자전거로 완성한다면, 이 자전거를 타고 다닐 수 있을 것이다. 또 누가 알겠는가? 투르 드 프랑스$^{Tour\ de\ France}$ (매년 7월 프랑스에서 개최되는 프랑스 일주 사이클 대회 _옮긴이)에 출전하게 될지. 각각 떨어진 요소들을 한데 모은 마인드맵은 아이디어들을 새로운 질서에 맞추어 정리하고, 여기에 새로운 논리성을 가져다준다.

마인드맵을 위한 공간

마인드맵을 A4 용지에만 한정해서 그릴 것이 아니라, 얼마든지 더 큰 종이에 그릴 수 있다. 이때 유용하게 쓰일 수 있는 것이 종이 식탁보이다. 일상적인 회의실에 커다란 마인드맵을 가지고 오면 분위기를 바꿀 수 있다. 이 커다란 종이는 전략을 짜고, 중간 중간에 목표를 향해 나아간 정도를 파악할 수 있는 장소로 변할 것이다. 이렇듯 '시간'에 관계된 요인만이 중요한 것은 아니다. '공간'과 '과정'에 대한 요인 또한 고려해야 한다. 4장의 예에서 살펴보았듯이, 중요한 활동은 핑크색으로, 긴급한 활동은 노란색으로 줄을 친 다음, 일이 진행될 때마다 사용하지 않은 반대편 색으로 줄을 침으로써 활동들은 점점 오렌지 색깔의 밑줄을 갖게 될 것이다.

이해하기 쉬운 의사소통

프로젝트 구성원 모두가 MS 프로젝트와 같은 컴퓨터 프로젝트 관리 프로그램을 능숙하게 다루는 전문가는 아닐 것이다. 하지만 마인드맵은 컴퓨터 프로그램에 대한 사전 지식이 없는 사람들도 프로젝트에 나타난 정보를 쉽게 읽을 수 있게 해준다. 마인드맵은 이미지와 글로 된 또 하나의 언어이다. 이 언어는 핵심과 형태를 나타낸다. 이것은 아날로그(시계의 바늘을 생각해보라.)와 디지털(전자시계의 숫자들에 해당한다.) 사이의 경계면에 위치해 있다. 즉 추상적인 것을 구체적으로 보여주고, 경계를 넘어서게 해주는 것이다. 이러한 특성이 기억력을 높여준다.

마인드맵은 각각 흩어진 요소들을 하나로 묶어준다
시공간에서 행해지는 모든 활동은 네 가지 활동 원칙을 가지고 있다. 관성, 통일성, 다양성, 그리고 복잡성이 바로 그것이다.

- 마인드맵은 각 활동의 세부 사항들을 낱낱이 볼 수 있게 해준다.
- 마인드맵은 넓은 시야를 가지고 전체를 한눈에 내려다 볼 수 있게 해준다.
- 마인드맵은 전체를 파노라마적 시각으로 볼 수 있는 능력을 갖게 해준다. 이것은 강제로 해야 하는 분야와 서로 일치해야 할 분야, 활기를 띠는 분야, 그리고 협동이 필요한 분야들 사이의 관계를 보여준다. 강제로 일을 해야 하는 분야에서는 조직의 명령이 관성을 가진다는 것, 즉 잘 시행되지 않는 특성을 띤다. 서로 일치해야 할 분야에서는 혁신적인 활동에 의해 유연성이 생기게 된다. 활기를 띠는 분야는 구성원들의 전원일치를 통해 프로젝트에 생기가 돈다. 그리고 마지막으로 협력과 협상 관계에 있는 분야에서는 구성원들의 활동을 전체적인 시각에서 바라보고, 여러 명의 결정자가 참석하게 되는 '의사결정 컨퍼런스'를 통해 복잡한 문제에 대한 답을 찾는다.

루시앙 스페즈$^{Lucien\ Sfez}$(《의사결정》, 크세주 문고 2181번, 유니베르시테르 드 프랑스 출판사)는 현대적 의사결정을 다음과 같이 정의하였다. "서로를 연결하고, 하나의 공통된 목적지를 향해 여러 존재들이 함께 나아가는, 점진적인 개입의 과정." 따라서 정보를 늘어놓을 뿐만 아니라, 정보 사이의 관계를 파악하고 연결시킬 수 있어야 한다. 마인드맵은 다음과 같은 현실적인 필요에 따른 질문에도 답한다. 엄청난 정보의 홍수 속에서 어떻게 모두가 동의하는 의사결정을 내리고, 활동 계획을 짤 수 있을 것인가? 마인드맵은 몇몇 제한된 사람들을 제외하고는 이해할 수 없는 보고서나 도저히 읽을 수 없는 데이터 더미에 손댈 필요 없이, 수많은 정보들을 종합할 수 있게 해준다. 마인드맵이 필요로 하는 기억력과 지능은 보통 사람의 두뇌로도 충분하다.

맥락 속에서 정보를 파악하라

마인드맵에서는 정보의 조각들이 독립적으로 홀로 존재하는 것이 아니다. 마인드맵은 각 정보의 조각들이 서로 관계를 지닌다는 것을 명확하게 보여주는 구조를 가지고 있다. 각 정보들이 어디에 서로 연결되어 있는지 본다면 활동 정보는 어디에 위치해 있는지, 왜 거기에 위치해 있는지, 그리고 이 활동 정보가 무엇과 연결되어 있는지 쉽게 이해할 수 있다. 이러한 점은 프로젝트 진행에 있어서 선뜻 수립하기 어려운 두 쟁점인 가설과 그 결과를 보다 쉽게 수립하게 해준다.

마인드맵에는 두 가지 종류의 정보가 섞여 있다. 하나는 활동, 아이디어, 정보와 결과들에 대한 문서 데이터베이스이고, 또 하나는 시각적인 수치들이다.

이 두 종류의 정보는 프로젝트가 진행됨에 따라 상호 영향을 준다.

프로젝트 정보는 다음과 같이 여러 가지 관점에서 재빨리 훑어볼 수 있다.

- 누구에게 어떠한 일이 분배되었는가?
- 어떠한 일이 남았고, 더 급한가?
- 어떠한 의사결정이 아직 내려지지 않고 있는가?
- 가장 위험성이 큰 방향은 어디인가?

제대로 만들어진 마인드맵은 활동 계획에 쓰일 구성 요소가 무엇인지 신속하고도 명확히 밝혀준다.

요약

프로젝트 관리의 목적은 알기 위한 것(진실을 말하는 것)이 아니라, 이해하기 위한 것(알아듣기 쉽게 해주는 것)이다. 에드가 모랭의 '관계 맺기'는 '다시 잇고', '서로 다시 잇는(자신을 포함해서)' 행위와 함께 이 행위의 결과를 말한다.

관계망 속에서는 모두가 서로에게 중심이기도 하고, 주변이기도 하다는 사실을 이해해야 한다. 프로젝트는 모든 구성원들이 공동의 목표와 비전을 가지고 힘을 모은 바탕 위에 서로 끊임없이 의견을 교환할 때만이 앞으로 나아갈 수 있다.

모두가 공유하는 상상은 미래의 일을 시각화하는 데 큰 역할을 한다. 마인드맵은 탁월하게 이 작업을 수행하는데, 이미지와 공통 언어를 만들어내어 특정 활동의 협력을 가능하게 해준다.

처음 마인드맵으로 만들어진 이미지는 프로젝트가 진행되는 동안 변화하게 된다. 이것은 각자가 스스로 프로젝트에 어떻게 기여하고 있는지를 마치 찍은 '필름'을 보는 것처럼 들여다보게 해준다. 각 회의마다 이전 회의에서 만들어진 이미지를 조금씩 변형해갈 것이고, 이것이 한 컷, 한 컷의 '필름'이 되는 것이다.

결론삼아, 미셸 코젬 Michel Cosem (프랑스의 작가 _옮긴이)의 말에 귀 기울여 보자. "우리의 꿈만이 현실에서 적절하게 행동할 수 있도록 해준다."

지금까지 살펴본 전략 마인드맵과 활동 마인드맵은 아래 사항들이 독특하게 결합하여 만들어지는 것이다.

- 프로젝트가 해결해야 할 어려운 상황들의 복합적인 측면을 이미지로 단순하게 표현하여 보여주는 **시각 장치**
- 각자의 지식과 경험을 이끌어내는 모든 구성원들의 **참여**
- 양쪽 두뇌 모두를 사용하여, 기대치를 훨씬 뛰어넘는 결과를 이끌어내는 **창조**
- **분석보다는 탐색의 시점**에서 본 의견들과 인식들을 캐치하는 **시스템 구조**
- 작업에 대해 모두의 합의를 이끌어내는 보고서 **설계**
- 열정을 가지고 주어진 과제에 접근하게 해주는, 구성원들에 대한 **자극**
- **효율적 시간 관리** : 이틀 만에, 프로젝트 팀은 동일한 목표를 추구하는 팀으로 뭉치게 된다.

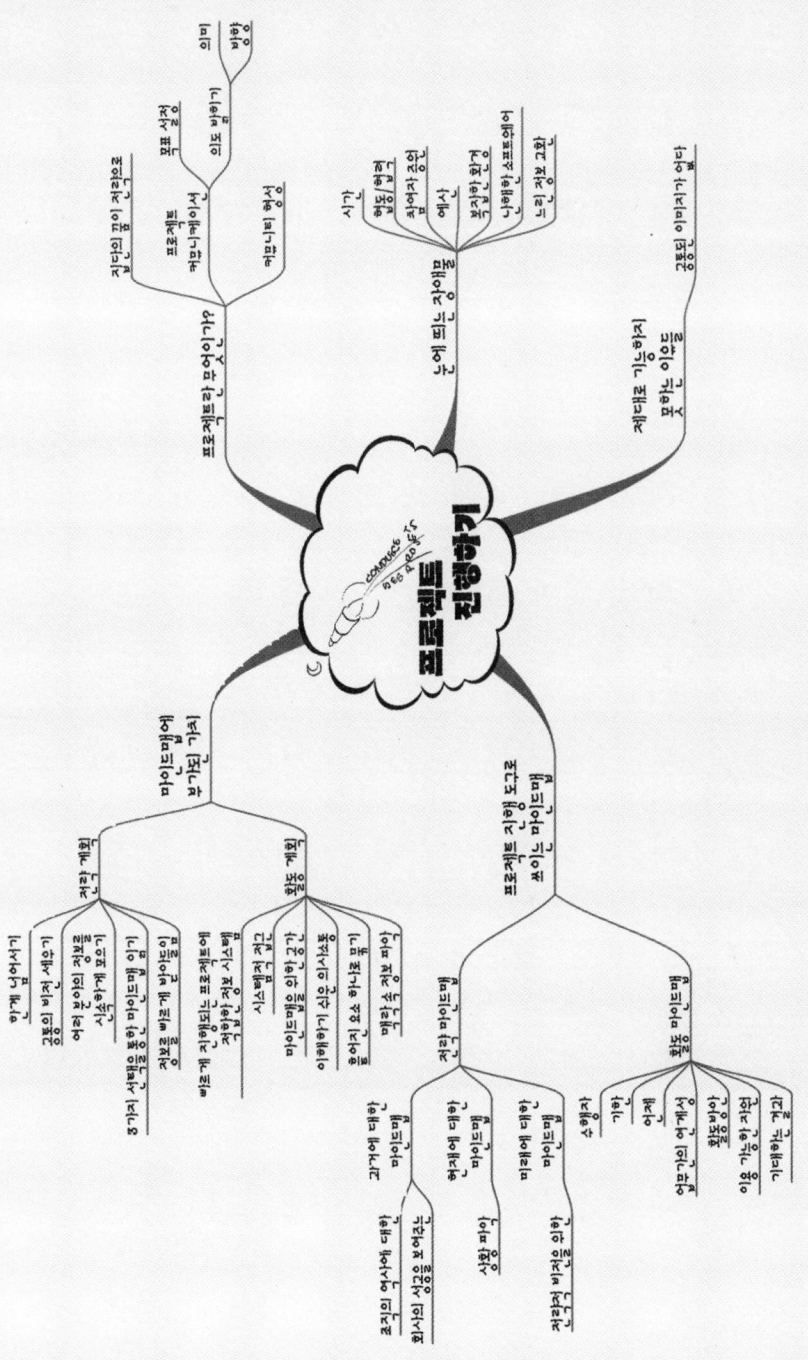

위의 마인드맵을 따라가면서, 지금까지 당신이 읽었던 내용을 되새겨보라.

CHAPTER
8

컴퓨터로 **마인드맵** 완성하기

MINDMAP

당신에게 도구라고는
망치밖에 없다면,
모든 것을 못처럼 다루려 할 것이다.
— 아브라함 매슬로(미국의 심리학자이자 철학자)

| 이 장의 구성 미리보기 |

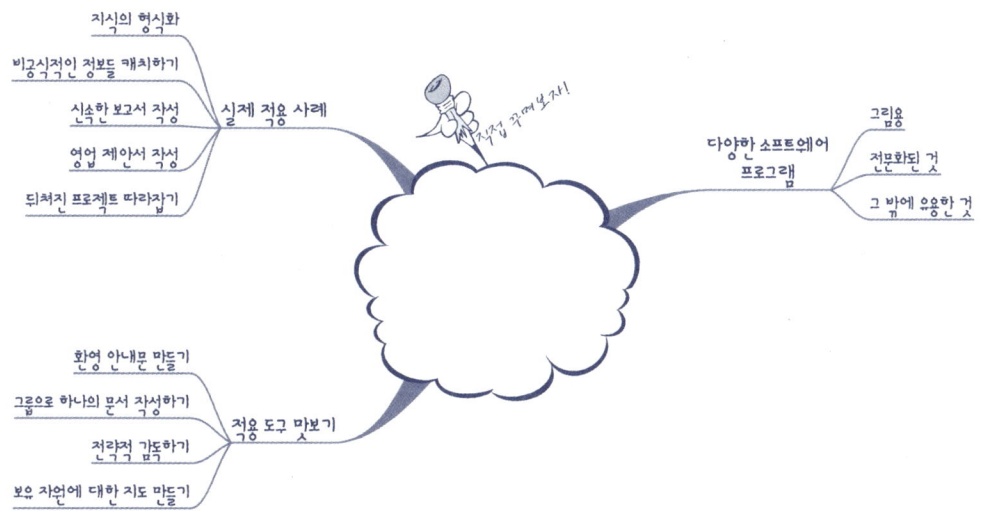

　지금까지 마인드맵을 그리는 데 오직 종이와 필기도구만을 사용하였다. 이 도구들은 마인드맵 작성이 매우 간단하다는 것을 알려주기 위해 일부러 선택한 것이다. 그러나 컴퓨터 프로그램으로도 마인드맵 작성이 가능하다.
　종이와 필기도구를 가지고 그리는 마인드맵과 컴퓨터를 이용한 마인드맵은 각각 장단점을 지니고 있다. 따라서 이 둘은 배타적이 아니라 상호 보완적이다. 이 장에서는 컴퓨터 프로그램으로 마인드맵을 만드는 분야에 대해 살펴볼 것이다.

그리고 컴퓨터 사용이 중요한 일과가 된 기업에서의 마인드맵 실제 적용 사례를 덧붙여보았다.

다양한 소프트웨어 프로그램

마인드맵이 글과 이미지, 곡선으로 구성되어 있기 때문에 컴퓨터로 적용하기 위해서는 일반적인 프로그램으로는 불가능하다. 가능한 프로그램을 크게 두 가지로 나눌 수 있는데, 그림용 소프트웨어와 키워드를 잡아내고 마인드맵에서 재구성을 쉽게 해주기 위해 특별히 제작된 소프트웨어가 있다.

그림용 소프트웨어

MS 윈도우 유틸리티인 페인트^{Paint} 또는 이미징^{Imaging}처럼 이미지를 개체의 형태로 복사하는 소프트웨어는 그다지 적합하지 않다. 개체 복사 후, 수정이 거의 불가능하기 때문이다. 벡터 이미지를 만들 수 있는 소프트웨어를 사용하는 것이 적당하다.

MS 오피스 프로그램은 쉽게 접할 수 있고, 윈도우와 함께 사용하기가 간편하다는 이점이 있다. 그러므로 이 프로그램으로 마인드맵을 처음 시작해보는 것도 가능하다. 하지만 사용을 하다 보면 한계를 많이 느끼게 된다.

어도비 일러스트레이터$^{Adobe\ Illustrator}$, 매크로미디어 프리핸드$^{Macromedia\ FreeHand}$, 코렐드로우^{CorelDRAW} 등을 사용하면 마인드맵을 어느 정도 완벽하게 작업할 수 있다. 하지만 이 프로그램들은 무엇보다 손으로는 불가능한 상당히 복잡한 작업을 수행하는 그래픽 전문가들을 위한 프로그램들이다.

아이그래팩스 플로우차터$^{iGrafx\ FlowCharter}$나 스마트드로우^{SmartDraw}와 같은 플로우차트^{flowchart}(미리 정의된 기호와 그것들을 서로 연결하는 선을 사용하여 그린 도표. 흐름도 또는 순서도라고도 한다.) 그림용 소프트웨어로는 마인드맵의 방사형 그래픽 도표를 관리할 수 없다. 마인드맵핑에서 쓰이는 기호 모음(라이브러리)을 사용할 수 있는 마이크로소프트 비지오$^{Microsoft\ Visio}$도 비주얼 표현에 있어서는 한계를 갖는다.

정리하자면, 위와 같은 벡터 이미지의 그림 소프트웨어 대부분은 다음에 살펴볼 마인드맵 전문 소프트웨어의 이미지나 기능을 대신하여 어느 정도는 사용할 수 있다. 하지만 이것들은 다음과 같은 한계를 지니고 있다.

- 그래픽 전문가를 위한 고급용을 쓰지 않는 한 마인드맵의 비주얼을 충분히 표현해낼 수가 없다. 그나마 사용하기가 어려워 전문가가 아니면 능숙하게 다루기가 요원한 일이다.
- 각 그래픽 단위(텍스트, 곡선 등등)가 서로 독립적이기 때문에, 마인드맵을 수정하는 것이 까다롭다.

전문화된 소프트웨어

컨셉드로우 마인드맵^{ConceptDraw MINDMAP}이나, 마인드지니어스^{MindGenius}, 마인드매니저^{MindManager}, 그리고 컨셉리더^{ConceptLeader} 같은 소프트웨어에서는 사용자가 가지 그림을 그리는 데 아무런 문제가 없다. 키워드와 이미지를 삽입하거나 삭제하기만 하면, 프로그램이 자동적으로 마인드맵의 형태로 만들어준다.

윈도우나 맥Mac OS, 혹은 자바가 깔려 있다면 어떤 시스템에서도 위의 소프트웨어를 사용할 수 있다.

불행히도, 소프트웨어끼리 서로 호환이 가능한 마인드맵 데이터의 스탠다드(정규) 포맷은 존재하지 않는다. 하지만 가까운 미래에, 기술의 발전으로 호환용 스탠다드 포맷이 나올 것은 확실하다.

위에 제시한 소프트웨어의 기능은 크게 세 가지로 나눌 수 있다.

- 마인드맵핑을 위해 전문화된 기능
- 사무용 기능
- 그래픽 기능

각 소프트웨어의 기능은 각 제조업체의 사이트에 상세히 나와 있으므로, 여기서 자세히 설명할 필요는 없을 것으로 보인다. 여기서는 활용 가능성들을 간단히 살펴볼 것이다.

마인드맵핑 전문 기능의 예

- 데이터를 집어넣거나, 삭제할 시 마인드맵 형태로 자동적 재구성
- 이미지 모음(라이브러리)에서 나온 이미지 활용. 때때로 내장된 검색기를 이용해 키워드를 입력해서 이미지를 찾을 수도 있다.
- 각 가지들을 하이퍼텍스트로 연결. 예를 들어, 기업 관련 기초 자료를 지도로 만들어 적용하는 것이 가능하다.
- 가지에 코멘트 달기(소프트웨어에 따라 좀 더 풍부한 텍스트, 도표, 하이퍼텍스트 등을 달 수 있다.)
- 실시간으로 키워드를 뽑아내기 위한 브레인스토밍 모드

사무용 기능의 예

- 작성한 마인드맵을 이메일로 즉석 전송
- PDF$^{Portable\ Document\ Format}$(미국 어도비 시스템즈$^{Adobe\ Systems}$에서 개발한 애크로뱃^{Acrobat}이나 애크로뱃 캡처 또는 이와 동등한 소프트웨어를 이용해 만든 포맷이다. 매킨토시와 윈도우 · 유닉스 · OS/2 등 어떤 타입의 컴퓨터 시스템 환경에서도 호환되어 HTML로 제공하기 힘든 부분까지 활용하게 해준다.) 형태로 출력
- MS 워드나 아래아 한글과 비슷한 인터페이스의 마인드맵
- 다양한 문서 소프트웨어(MS 워드, 아래아 한글, 메모장 등)에서 텍스트 가져오기
- MS 워드나 파워포인트^{PowerPoint}로 마인드맵 옮기기
- 몇 번의 마우스 클릭만으로 완성되는 웹사이트를 자동으로 만들어주는 HTML 페이지
- MS 아웃룩이나 프로젝트 관리(자원, 시간, 샘플 등) 프로그램을 통한 정보 통합
- 마인드맵을 몇 번이나 재검토할 수 있게 도와주는 기능들

그래픽 기능의 예

- 마인드맵을 이미지 형태로 변환하기
- 가지의 위치와 곡선 형태 수정하기
- 추가 그래픽 요소 삽입. 특히 OLE^{object linking and embedding}(윈도우에서 데이터 간의 연결 방법 _옮긴이)를 통해 멀티미디어적 요소도 삽입이 가능하다.
- 가지 형태를 따라서 움직이는 텍스트 입력

그 밖에 유용하게 쓸 수 있는 것들

전문화된 소프트웨어 이외에도, 다음과 같은 소스들을 마인드맵에 활용하면 유용하다.

- CD-ROM으로 제작되어 판매하는 여러 가지 클립아트^{clip-arts} 모음. 키워드 검색을 통해 어디에 위치해 있는지 알 수 있게 해주는 검색시스템을 이용한다.
- 다양한 형태의 글꼴. 이것은 키워드를 돋보이게 하는 효과를 준다. 인터넷의 수많은 사이트에서 다운로드할 수 있다.
- 마인드맵 소프트웨어의 포맷을 지원하는 벡터 그림용 소프트웨어. 이것은 이미지를 고치고, 합성하는 데 쓸 수 있다.
- 스캐너. 손으로 그려진 마인드맵을 이메일로 전송하기 위해 더 없이 편한 도구이다.

적용 도구 맛보기

우리는 앞에서 간단한 필기도구와 종이 한 장으로도 마인드맵의 다양한 적용이 가능하다는 것을 보았다. 소프트웨어를 이용한다면, 마인드맵의 가지에 텍스트와 하이퍼텍스트 링크를 연결하는 것이 가능하다. 이는 마인드맵을 보다 효과적이고, 실행하기 쉬운 도구로 만들어준다. 그 예들은 다음과 같다.

- 부서에 새로 들어온 신참들을 간단하게 환영하기 위한 안내문 만들기. 예를 들어 사내 메일을 통해 볼 수 있는 이 안내문은 다른 어떤 곳에서도 볼 수 없는 정보를 담고 있고, 당사자들에게는 그들이 앞으로 읽어야 할 업무지침서로 사용된다.
- 그룹으로 하나의 문서 작성하기. 예를 들면, 입찰을 준비하는 경우가 이에 해당된다.
- 전략적 감독 기능. 정보 네트워크를 통해 수집한 모든 정보를 하나의 마인드맵에 모은다. 이 마인드맵은 가능한 시장 여부를 탐색하는 데 쓰인다.
- 지식 경영 프로젝트 차원에서, 회사가 보유한 자원에 대한 지도 만들기. 물론 실제 적용되는 예는 위의 경우보다 훨씬 많을 것이다. 왜냐하면, 여기에서는 지식을 어떻게 관리하는가에 대해서만 주로 이야기하기 때문이다.

6장에서 이야기한 회의 주재나, 7장의 프로젝트 수행에도 마인드맵 소프트웨어를 동일하게 적용할 수 있다. 컨셉리더나 마인드매니저와 같이 이에 적합한 소프트웨어를 사용하면 된다.

센스 만점 아이디어

마인드맵핑 프로그램을 사용하지 않더라도, 파워포인트 같은 소프트웨어로도 마인드맵의 장점을 살릴 수 있다. 가운데의 중심이미지에서 방사 형태의 슬라이드 텍스트 레이아웃과 의미를 담은 이미지를 사용하면 된다. 가지 그림이 없더라도, 적절한 슬라이드를 찾는 것은 그다지 어렵지 않다. 책의 부록에 수록되어 있는 마인드맵(사례3)이 그 예이다.

실제 적용 사례

지식의 형식화

당시의 상황
우리는 지난 한 해 동안 재정·법률 부문 각료 회의에 참가하여 그 운영을 돕게 되었다. 일 년 동안 매주 몇 시간씩, 우리는 정보부서의 고위 관료들과 같이 일을 하였다.

그 임무를 마친 지 9개월이 지났을 때, 우리는 3,000명의 엔지니어들에게 노트북을 제공하려는 한 회사에 조언을 하게 되었다. 그런데 마침 지난 해 각료 회의에서 정보 관리 분야에 대해 논의했던 내용을 이 회사에도 유사하게 적용할 수 있었다.

불행히도, 우리가 활용할 수 있는 문서는 그것밖에 없었다. 왜냐하면, 우리의 수행 과제는 설치할 정보 기기와 프로그램을 집계하고 관리하는 것에 한정되어 있었기 때문이다.

따라서 당시 현장에서 본 막연한 기억을 되살려 최대한 정보를 모으고, 이것을 이용할 수 있도록 명확하게 재구성해야 했다.

해결책
우리는 마인드맵 기술을 이용한 생각의 연상 기법으로 기억을 더듬어 갔다. 이와 더불어, 깔끔하게 마인드맵을 만들어줄 마인드맵 소프트웨어와 언제 어디서나 구할 수 있는 연필 한 자루도 이용하였다.

실행하기
우리는 우선 가장 먼저 떠오르는 기억들을 더듬어, 종이 위에 마인드맵을 몇 분 만에 대충 그렸다.

이어서 최종 결과는 일반 문서 형태로 만들어야 했기 때문에, 종이에 그린 마인드맵을 마인드맵 소프트웨어로 옮겼다. 일반 문서는 텍스트를 복사하고 덧붙여서 쉽게 만들 수 있었다.

컴퓨터 화면상의 마인드맵을 종이로 복사하여 며칠 동안 가지고 다녔다. 쉬는 시간 동안에 쳐다보기만 해도, 여기에 덧붙일 새로운 기억들이 솟아나는 경우가 종종 있었다. 때로는 이 기억들은 대화 중이나 메모를 읽는 도중에도 무심코 튀어나와, 주머니에 들어 있는 마인드맵을 그 자리에서 꺼내어 내용을 덧붙이기도 하였다.

이러한 사이클(우선 연필로 마인드맵에 아이디어 덧붙이기, 깨끗하게 정리하여 마인드맵 소프트웨어로 다시 만들기, 새로운 마인드맵 출력하기)로 작업을 몇 번 계속한 후, 우리는 처음에 예상했던 것보다 훨씬 더 풍부한 문서를 만들 수 있었다.

비공식적인 정보들 캐치하기

당시의 상황

우리는 새로운 문서 관리 프로그램에 대한 교육 세미나에 이틀 동안 참석하게 되었다. 목표는 이 프로그램에 대해 알아야 할 핵심 사항이 담긴 문서를 사내에 배포하는 것이었다. 그리고 이 문서는 전체 프로젝트에 통합될 자료들이었다.

실행하기

마인드맵 소프트웨어로 직접 물 흘러가듯이 자유롭게 메모를 하였다. 후에 이것을 워드 문서로 옮길 것을 미리 예상한 상태에서의 작업이었다. 마인드맵 소프트웨어를 사용한 또 다른 이유는 거의 실시간으로 정보를 재구성하는 것이 가능하기 때문이었다.

실행이나 평가에 대한 조언, 새로운 기능 등과 같이 특별한 정보들도 즉시 마인드맵에 올릴 수 있었다. 그리고 이런 정보는 다른 문서에서는 찾아볼 수 없었다. 또한 우리 주변의 누구도 이렇게 보석 같은 귀중한 정보를 캐내지 못했다. 이런 정보의 예를 들어보자. 교육 담당자가 어떤 참가자에게만 따로 주의[예를 들어 "조심하세요. 이 기능은 버그(영어의 'bug'는 '곤충'을 뜻한다. 정보 분야의 특수 용어로 버그는 소프트웨어의 에러를 뜻한다. 최초의 컴퓨터 고장이 전기 램프의 열에 이끌린 곤충 한 마리에 의해 일어났기 때문에 이렇게 이름 붙여졌다.)가 있어서 다음 버전에서 고쳐질 겁니다."]를 주거나 실행 조언을 주는 경우가 이와 같은 예에 해당된다.

우리는 캐치한 아이디어들을 일관성 있게 분류하고 정리하기 위해 차근차근 마인드맵을 재구성해나갔다.

결과

컴퓨터 프로그램에 직접 정보들을 입력했기 때문에, 교육 기간 동안 약 14장에 이르는 워드 문서를 만들어낼 수 있었다. 몇 개의 철자를 교정하고, 다시 텍스트 형식에 맞추어 넣는 데 30분이면 충분했다.

완성된 문서에는 6개월 후에 구현될 프로그램의 기능뿐만 아니라, 이 프로그램에 기초한 프로젝트의 수치 자료에 유용한 정보들 또한 풍부하게 담겨 있다. 예를 들면 조판 예상 비용 등.

다른 참가자들이 메모한 것과 비교해본다면, 우리가 모은 정보들이 얼마나 풍부한지 쉽게 알 수 있다.

소프트웨어의 이점

우리는 소프트웨어를 사용할 때 이미 앞에서 언급한(5장) 메모의 이점들을 다시 발견할 수 있다. 게다가 '일반적인' 문서 형태로 신속하게 변환할 수 있다. 특히, 마인드맵 소프트웨어는 수집할 수 있는 정보의 양이 방대하다는 이점을 가지고 있다.

신속한 보고서 작성

당시의 상황

한 대형 로펌 회사의 변혁 운동을 돕기 위해 이 회사의 책임자 몇 명과 인터뷰를 진행하게 되었다. 회사의 새로운 정보 시스템 통합에 대한 프로젝트와 관련한 인터뷰였다.

마인드맵 형식으로 주제에 대해 미리 준비했기 때문에, 인터뷰는 모든 관계자들과 원활하게 진행이 되었다.

각 인터뷰가 끝날 때마다, 이에 대한 보고서가 신속히(10분도 채 안 되어) 사내 메일을 통해 올려졌다. 이것은 인터뷰를 했던 사람이 가능한 빨리 인터뷰에 대한 자신의 생각을 밝힐 수 있도록 하기 위해서였다.

소프트웨어의 이점

인터뷰를 했던 사람들은 신속한 보고서 작성과 그 내용의 질에 깊은 인상을 받았다. 그리고 소프트웨어로 만들어낸 자료의 감성적인 면(예를 들면 클라이언트 회사나 용역 회사의 로고를 새겨 개별화한 페이지들, 클라이언트의 그래픽차트 존중 등)에 놀라워했다.

영업 제안서 작성

당시의 상황

프랑스 통신 회사 하나가 정보기술서비스 관리 회사에 인터넷 포털 사이트를 중소기업과 자영업자, 프리랜서를 겨냥해서 만들어 달라는 제안을 했다.

문제는 이 제안이 휴가 기간에 들어온 것이었고, 많은 내부 인원들이 바캉스를 떠난 상태에서 짧은 기한 내에 처리를 해야 한다는 것이었다.

실행하기

이 제안을 받고서 여러 명이 함께 마인드맵 소프트웨어를 가지고 작업했다. HTML 문서와 그 문서 파일들로 된 결과물은 CD-ROM으로 저장했고, 이는 인터넷을 사용할 수 있는 어느 장소에서나 쓸 수 있었다.

소프트웨어가 가져다주는 것

- 향상되는 브랜드 이미지—최종 영업 제안서는 이 회사의 전망에 대한 긍정적인 인상을 주었고, 활기차고 강한 추진력을 가진 기업으로 자리 잡게 도와주었다.

- 효율적인 업무—웹 사이트처럼 클릭 하나로 영업 제안서를 볼 수 있게 펴내자, 기한이 매우 **빡빡**했음에도 불구하고, 소중한 시간을 벌게 되었다(출력을 할 필요도, 페이지 번호를 매길 필요도 없었고, 마지막 순간에 뭔가를 덧붙이는 것도 전혀 문제가 되지 않았다). 남은 시간은 형식보다 내용을 심화시키는 데 썼다. 이는 좀 더 상세하면서도 신뢰성이 가는 제안서를 만드는 데 도움이 되었다.

뒤쳐진 프로젝트 따라잡기

당시의 상황

화재 대비와 구조 업무를 하는 프랑스의 어느 지방 소방대원 관리 부서에서 내부 규정을 새로이 만들기 위해 작업팀을 구성했다. 그러나 몇 달이 지난 후에도 일은 진척이 없는 상태였다. 그래서 지휘관의 요청으로 우리가 업무에 개입하게 되었다.

실행하기

프로젝트 구성원이 모두 참석한 회의에서, 이 프로젝트 문서에 다른 요소들을 추가하고, 프로젝트를 진전시키기 위해 브레인스토밍을 하도록 제안했다. 그들은 모든 구성원들이 필요한 정보를 이미 가지고 있다는 핑계로 이를 거절했다.

그래서 우리는 각자가 일한 결과를 발표하도록 했다. 그동안 우리는 노트북에 저장된 마인드맵 소프트웨어를 이용하여 발표를 들으면서 메모를 했다. 그러자 그들이 방금 제시한 관점에서 출발하는 마인드맵이 완성되었고, 우리는 이것을 스크린에 투사해서 모두에게 보여주었다. 그러자 모든 이들이 지금까지 업무가 전혀 포괄적으로 다루어지지 않았고, 그로 인해 프로젝트가 진척이 되지 않았다는 것을 자신의 눈으로 직접 확인할 수 있었다.

결과

프로젝트를 완수하는 일이 매우 급했기 때문에, 지휘관은 컴퓨터를 이용해서 신속하게 일을 진행하고 싶어 했다. 모든 구성원들이 이 프로그램을 사용할 수 없었기 때문에 참여 인원수를 축소했다. 다음날, 지휘관과 또 다른 한 명이 참석한 상태에서 우리는 겨우 두 시간 만에 부서의 내규에 대한 전반적인 계획서를 만들어낼 수 있었다.

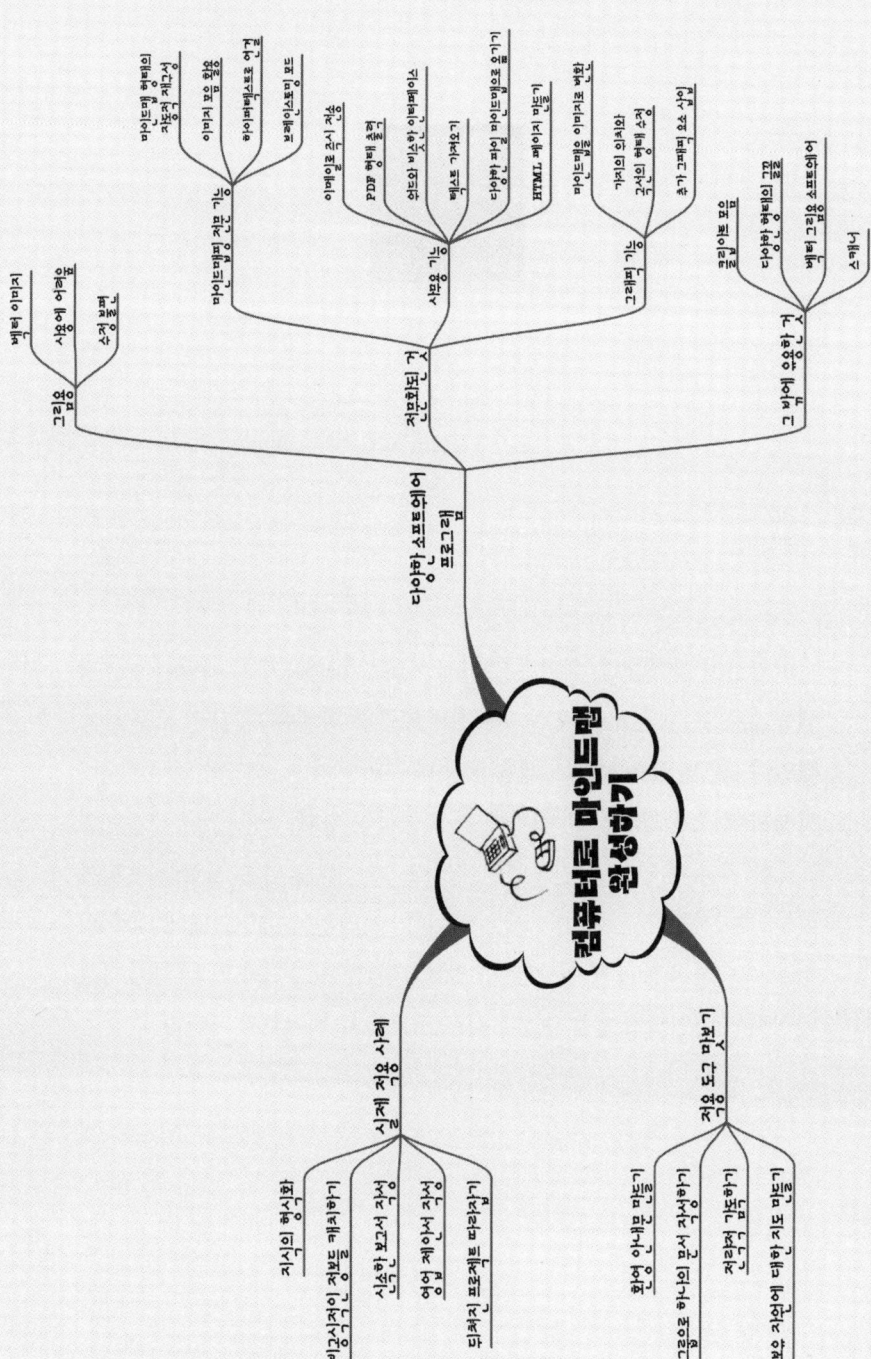

위의 마인드맵을 따라가면서, 지금까지 당신이 읽었던 내용을 되새겨보라.

여기까지 읽었다면, 여러분은 이제 아마도 마인드맵의 매력에 매료당했을지도 모른다. 우리 또한, 처음 이 도구를 접했을 때 같은 기분을 느꼈었다. 몇 년 동안 마인드맵을 사용해오고 있지만, 직장의 업무에서나 사생활에서, 우리가 얻은 결과에 항상 놀라곤 한다.

또한 우리가 얻은 마인드맵의 지식과 가능성을 다른 사람들과 함께 나누고자 하는 것은 자연스러운 일이다. 여러분이 마인드맵에 대한 탐험을 계속하고 새롭게 활용할 수 있는 자원들을 발견하고 싶다면, 다른 열성적인 마인드맵 활용자들과 서로 정보를 나누어보길 바란다.

마인드맵 사례

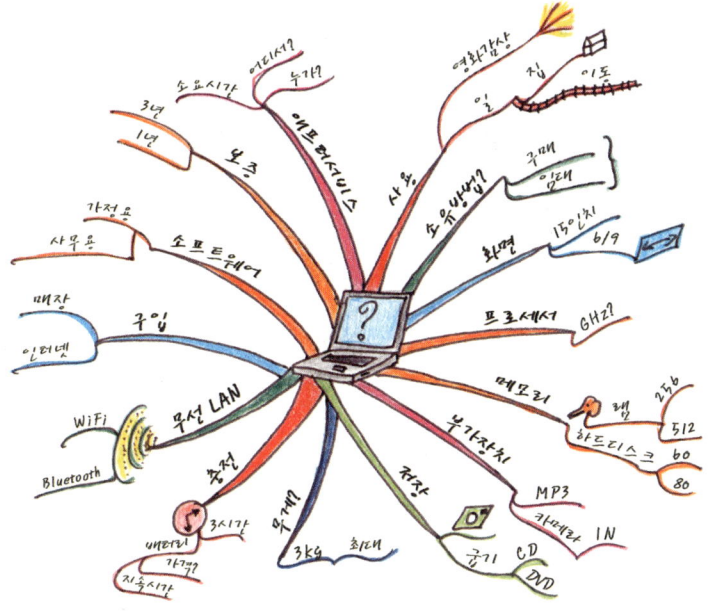

| 사례1 | '노트북 구매' 라는 주제로 작성한 마인드맵.

| 사례2 | '마인드맵'을 주제로 만든 마인드맵.

| 사례3 | 파워포인트 프로그램을 활용하여 작성한 마인드맵.

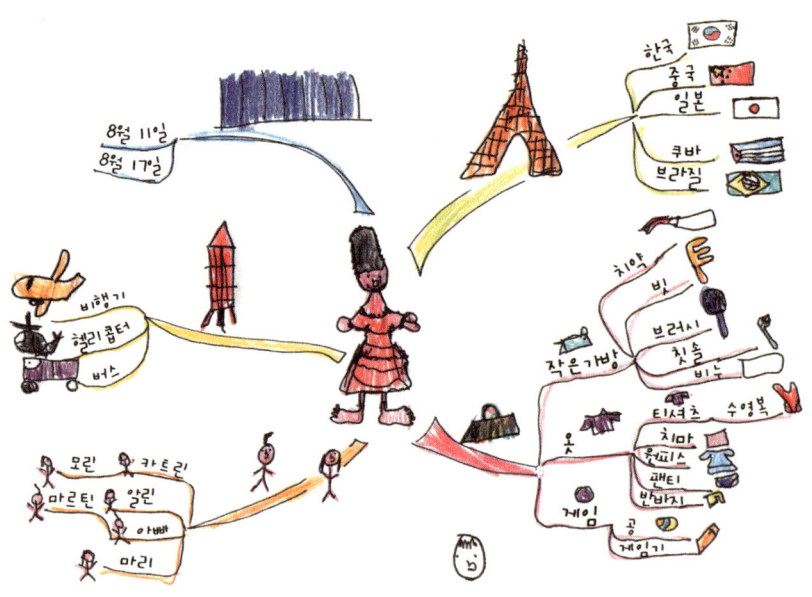

| 사례4 | 9살 난 어린이가 '여행준비'를 위해 만든 마인드맵.

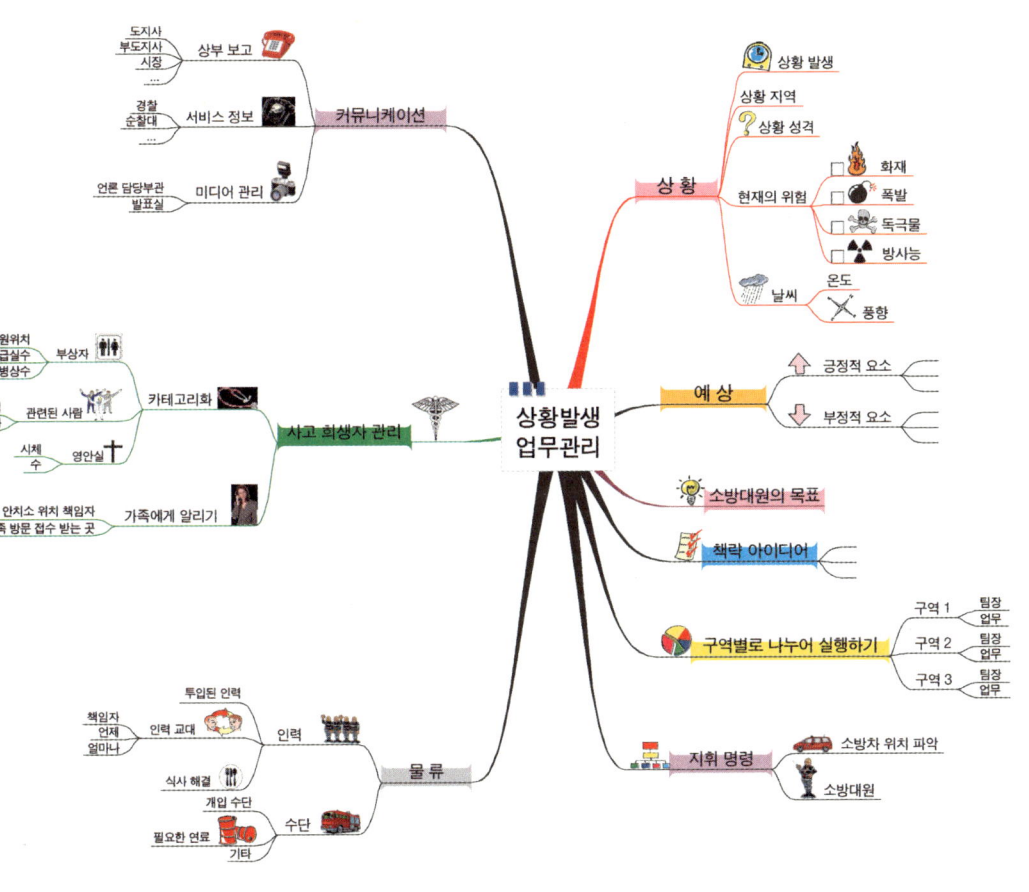

| 사례5 | 프랑스 소방대원들이 응급구조 업무를 효율적으로 관리하기 위해 사용하는 마인드맵(빈 가지를 남겨두어 언제든 새로운 정보를 넣을 수 있도록 했다).

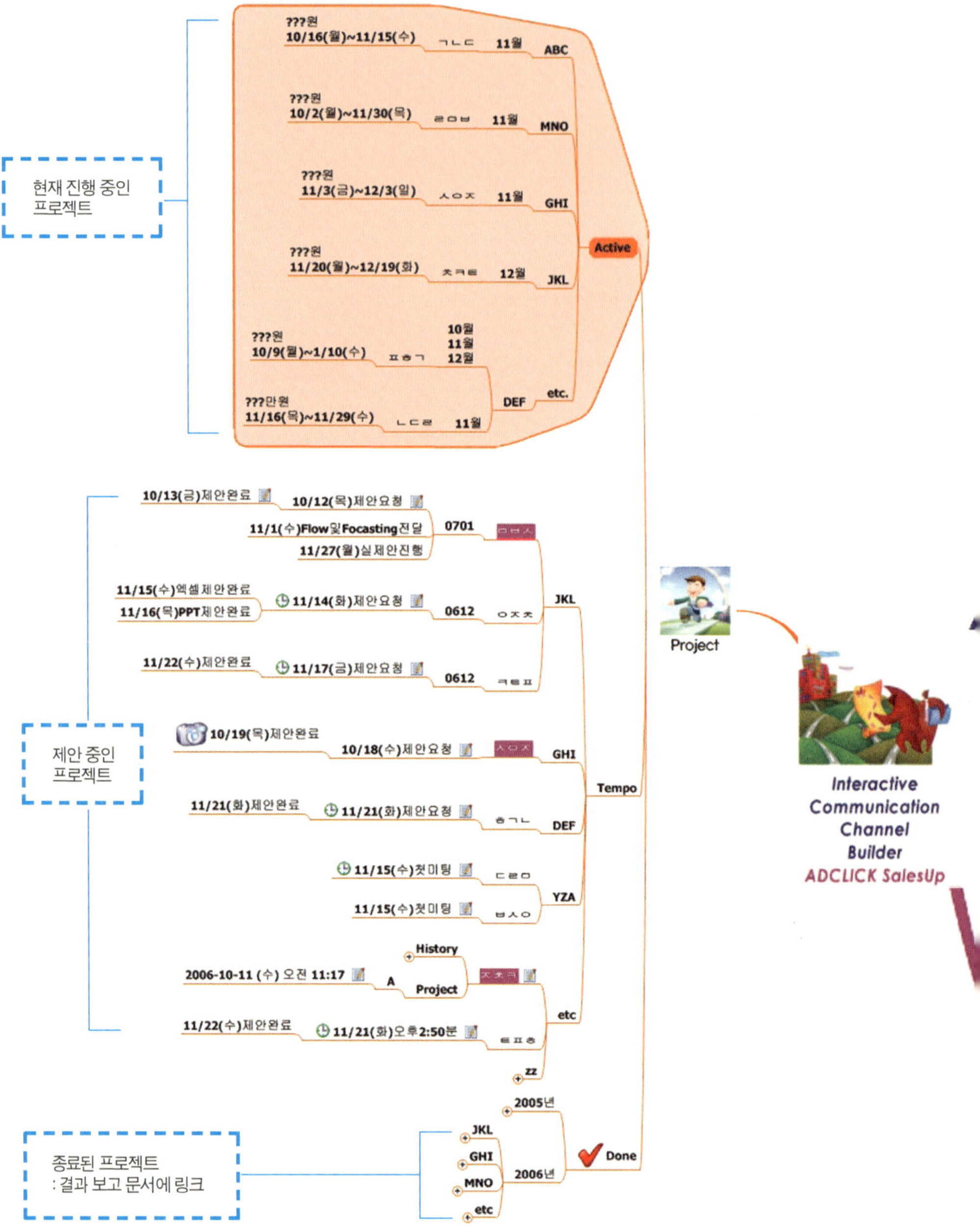

Interactive Communication Channel Builder
ADCLICK SalesUp

현재 진행 중인 프로젝트 — Active

- ???원 10/16(월)~11/15(수) ㄱㄴㄷ 11월 ABC
- ???원 10/2(월)~11/30(목) ㄹㅇㅂ 11월 MNO
- ???원 11/3(금)~12/3(일) ㅅㅇㅈ 11월 GHI
- ???원 11/20(월)~12/19(화) ㅊㅋㅌ 12월 JKL
- ???원 10/9(월)~1/10(수) ㅍㅎㄱ 10월/11월/12월 DEF etc.
- ???만원 11/16(목)~11/29(수) ㄴㄷㄹ 11월

제안 중인 프로젝트 — Tempo

- 10/13(금)제안완료 / 10/12(목)제안요청 / 11/1(수)Flow 및 Focasting 전달 / 11/27(월)실제안진행 0701 ㄱㅂㅅ JKL
- 11/15(수)엑셀제안완료 / 11/16(목)PPT제안완료 / 11/14(화)제안요청 0612 ㅇㅈㅊ
- 11/22(수)제안완료 / 11/17(금)제안요청 0612 ㅋㅌㅍ
- 10/19(목)제안완료 / 10/18(수)제안요청 ㅅㅇㅈ GHI
- 11/21(화)제안완료 / 11/21(화)제안요청 ㅎㄱㄴ DEF
- 11/15(수)첫미팅 ㄷㄹㅁ
- 11/15(수)첫미팅 ㅂㅅㅇ YZA
- 2006-10-11(수) 오전 11:17 History / Project A ㅊㅋㄱ etc
- 11/22(수)제안완료 / 11/21(화)오후 2:50분 ㅌㅍㅎ
- zz

종료된 프로젝트 — Done
: 결과 보고 문서에 링크

- 2005년
- JKL
- GHI
- MNO
- 2006년
- etc

Project

※ 〈사례6〉부터 〈사례11〉까지는 현재 온라인 광고회사 (주)애드클릭 네트웍스에서 차장으로 근무하고 있는 박상훈 맵퍼의 실제 업무 활용 사례들이다.

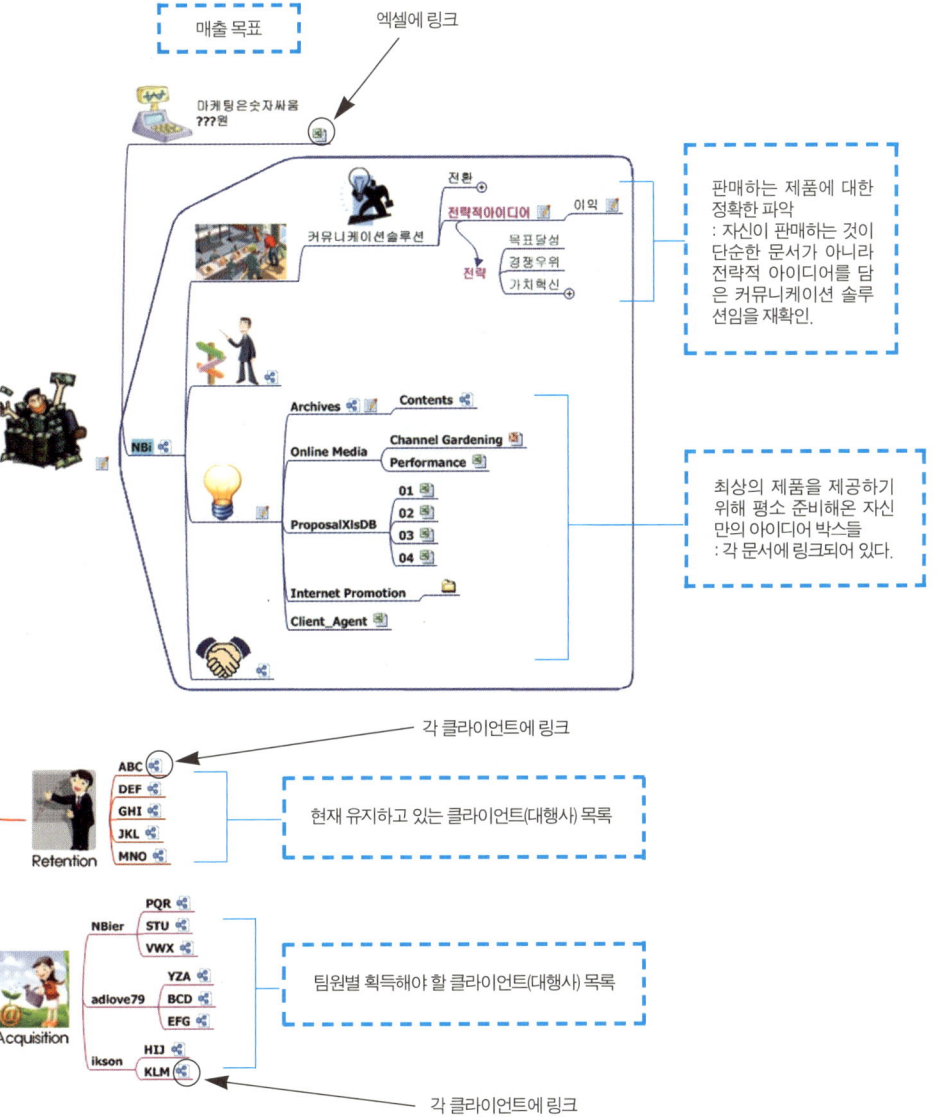

| **사례6** | 업무를 한눈에 조망할 수 있는 최상위 마인드맵. 자신의 목표가 무엇인지 되새겨보고, 업무와 관련된 모든 것을 관리하기 위한 마인드맵이다.

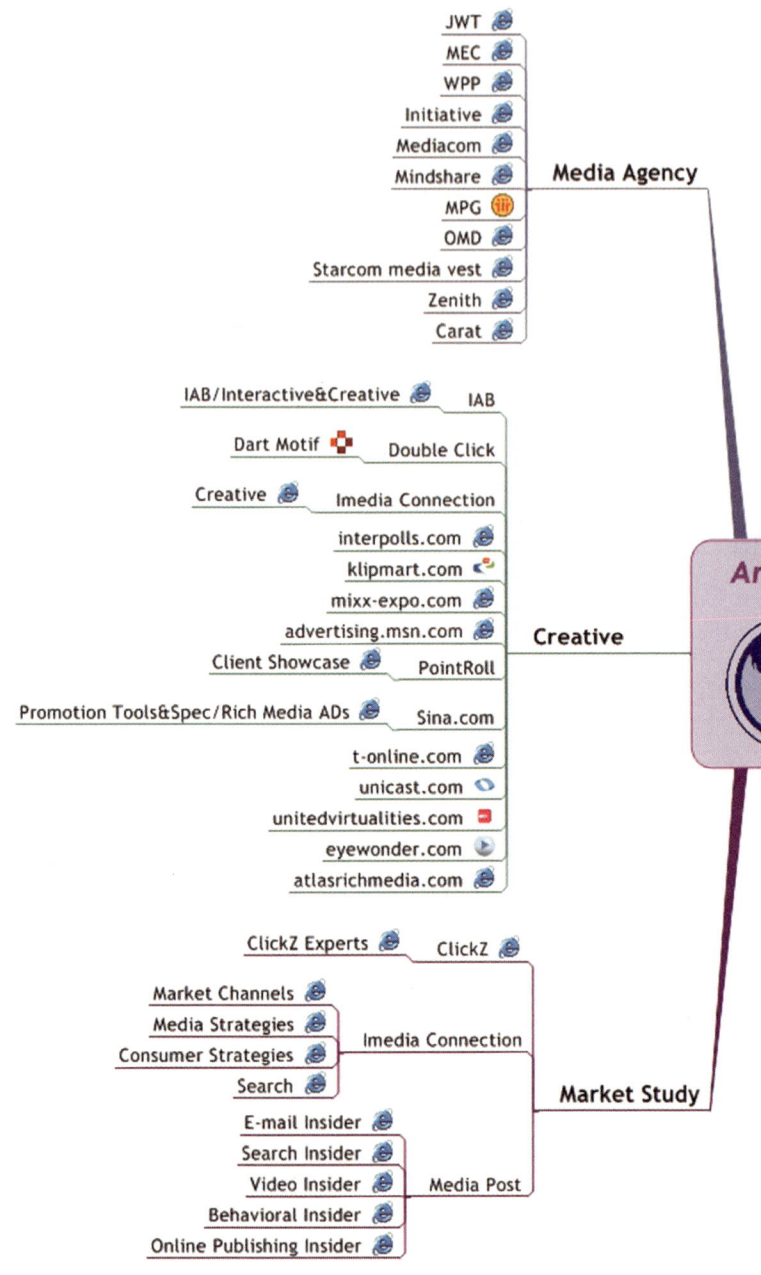

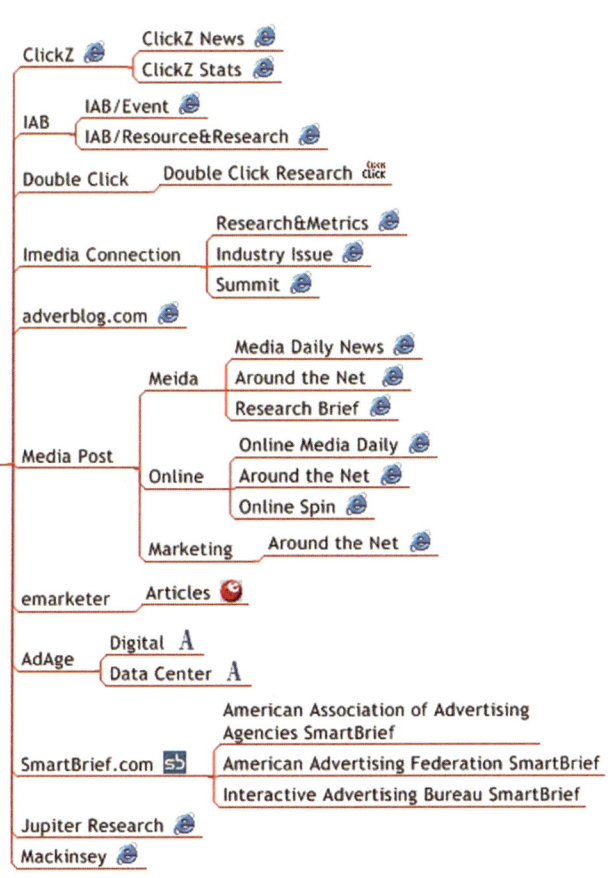

| 사례7 | 인터넷 광고 및 마케팅과 관련하여 최신 정보가 필요할 때 자주 찾는 해외 사이트들을 일목요연하게 정리해놓은 마인드맵. 각 사이트를 링크해 놓았기 때문에 즐겨찾기 용도로도 사용할 수 있다.

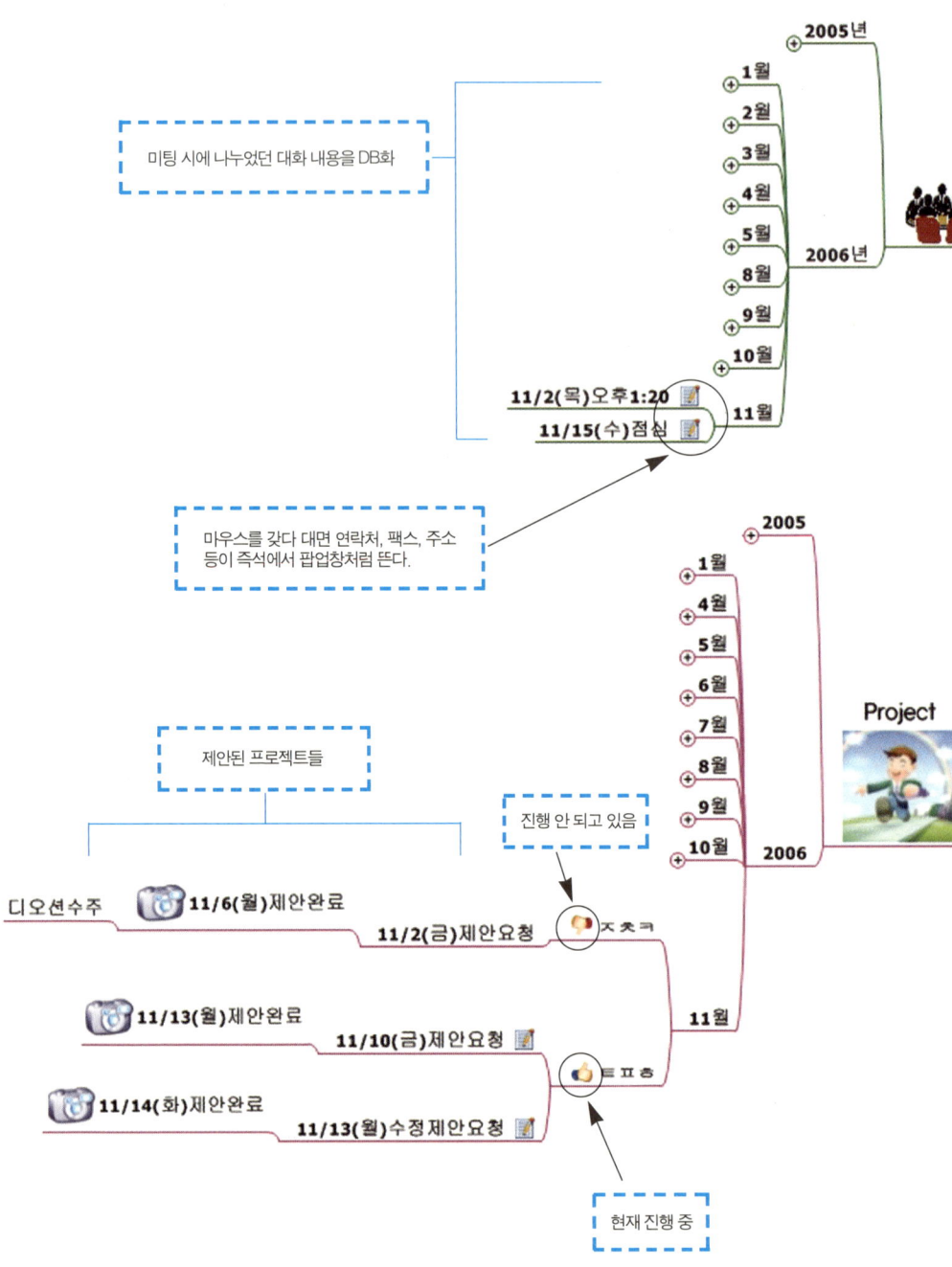

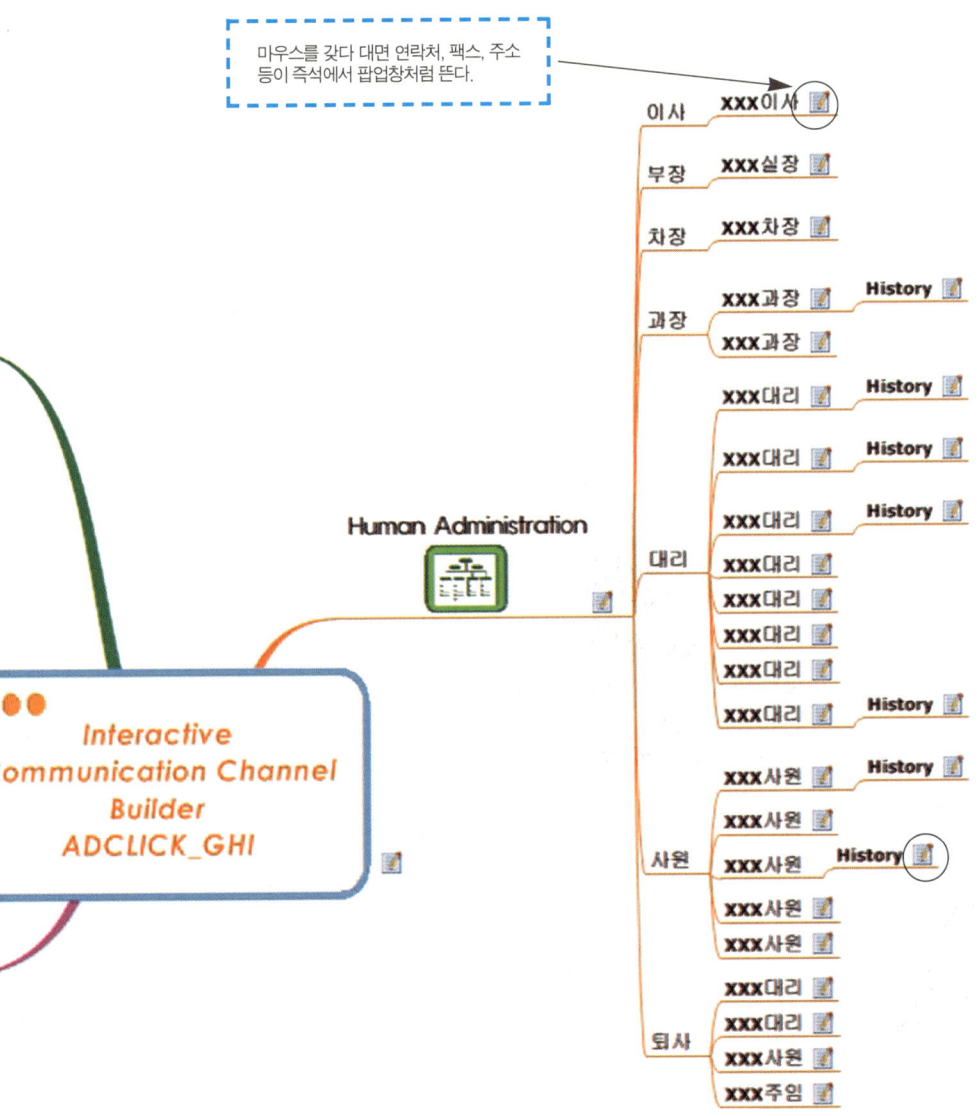

| 사례8 | 클라이언트(GHI) 관리 및 CRM툴로 활용한 마인드맵. 거래처와 어떠한 내용으로 미팅하였는지, 언제 어떠한 프로젝트를 제안하였으며 그 결과가 어떠하였는지, 누구와 어떠한 내용으로 연락하였으며 연락처는 무엇인지 등이 한 장의 마인드맵으로 작성되었다.

업무 영역

우리 회사가 생산하는 제품
(전략적 아이디어)에 대한 이해

클라이언트의 마케팅목표를
효과적으로 달성하고
당면한 문제를 실리적으로
해결하는 전략적 아이디어

- Media Planning
  - Metrix
  - ADRAM
  - Site
  - Forecasting
- Before-Execution
  - 제작가이드
  - Setting
    - TGP
    - 사후리서치
    - ROI
    - K2
  - 부킹
- Monitoring
  - 게재보고
    - 정확성
    - 신속성
  - Reporting
    - 정확성
    - 신속성
  - PerformanceUp
- Post-Execution
  - 최종보고
  - ADCLICK_매출집계_2006_
- Assist
  - Archives
    - Metrix
    - ADRAM
    - Site
    - etc…

Idea B

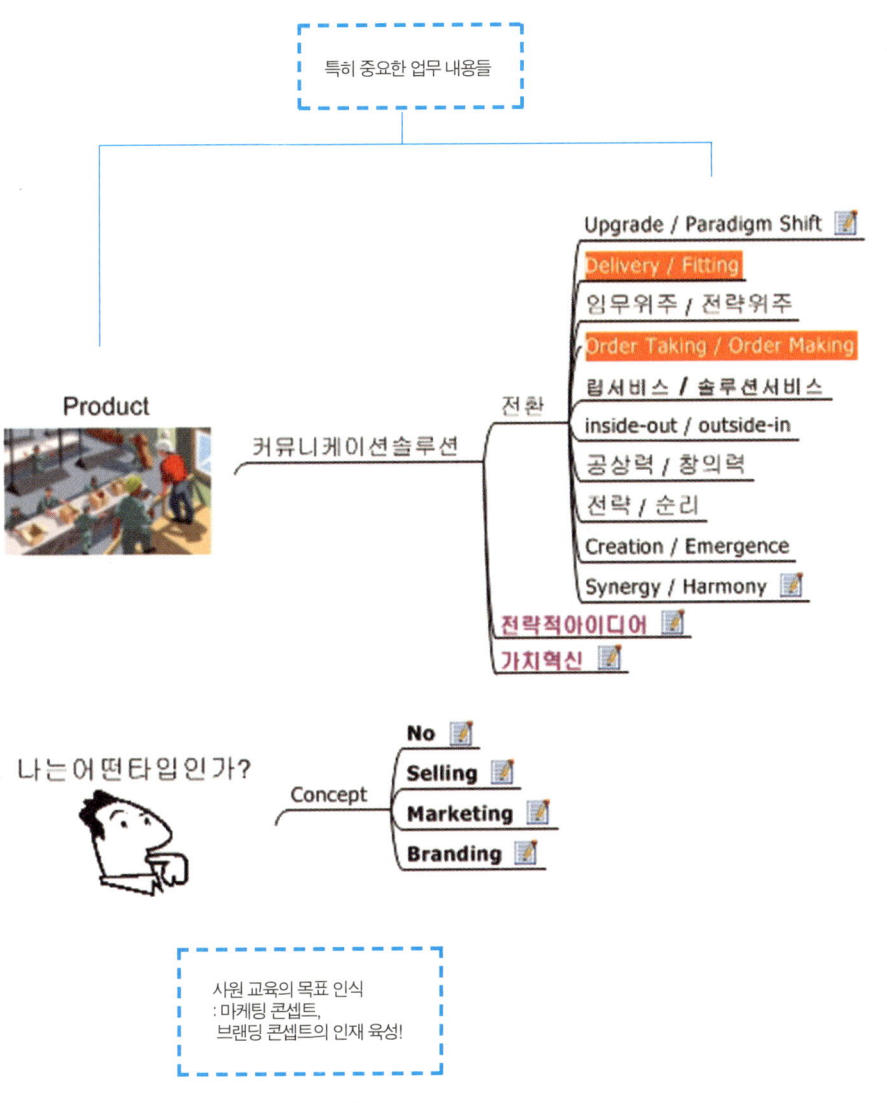

| 사례9 | 신입 및 기존 사원 교육용 마인드맵. 업무의 전체 내용을 한 장의 그림으로 정리해주며, 전체 업무 중에서 무엇이 중요한지 강조해준다.

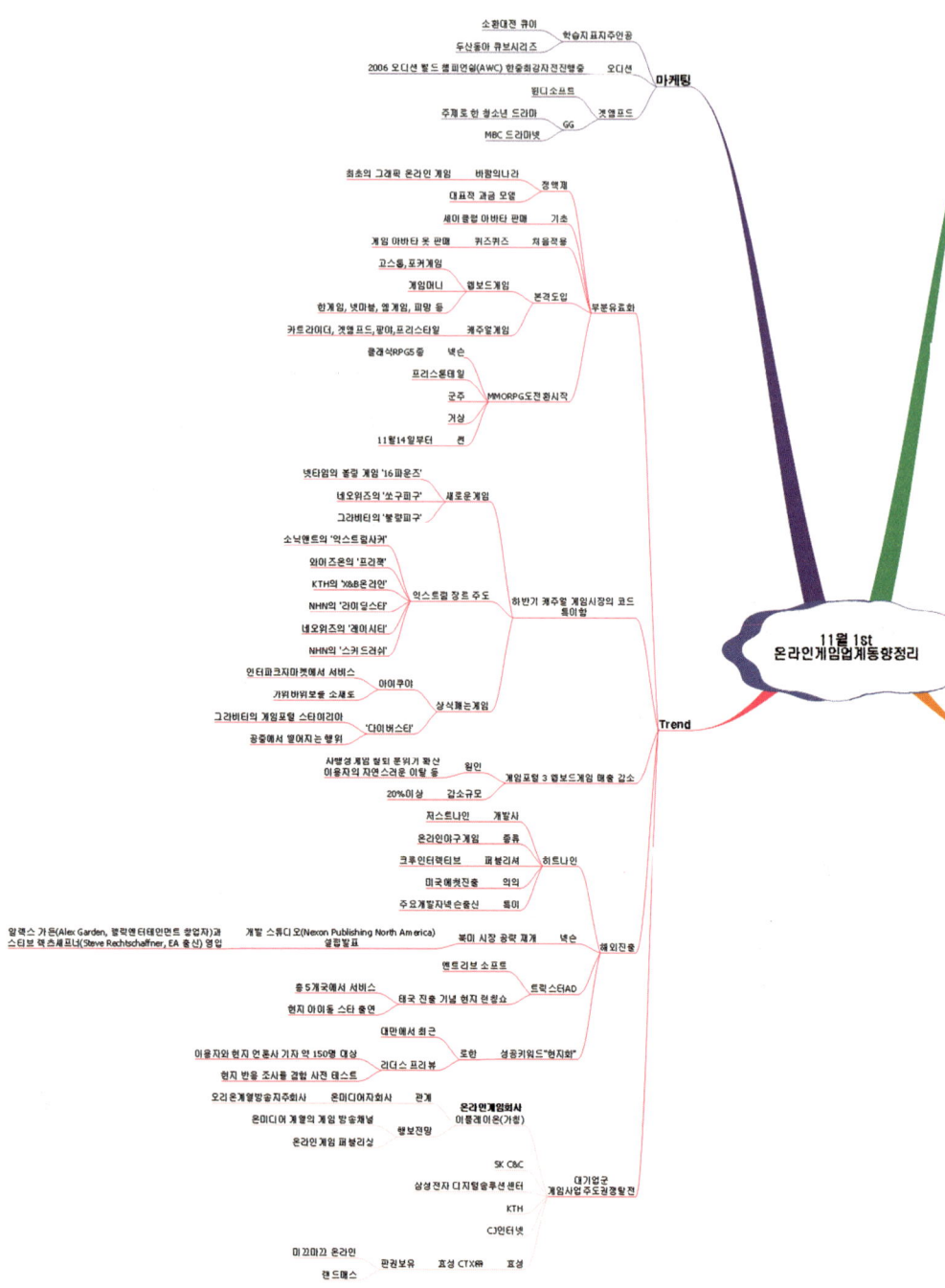

| 사례10 | 게임광고주들에게 제공하는 격주간 보고서를 만들기 위한 마인드맵.

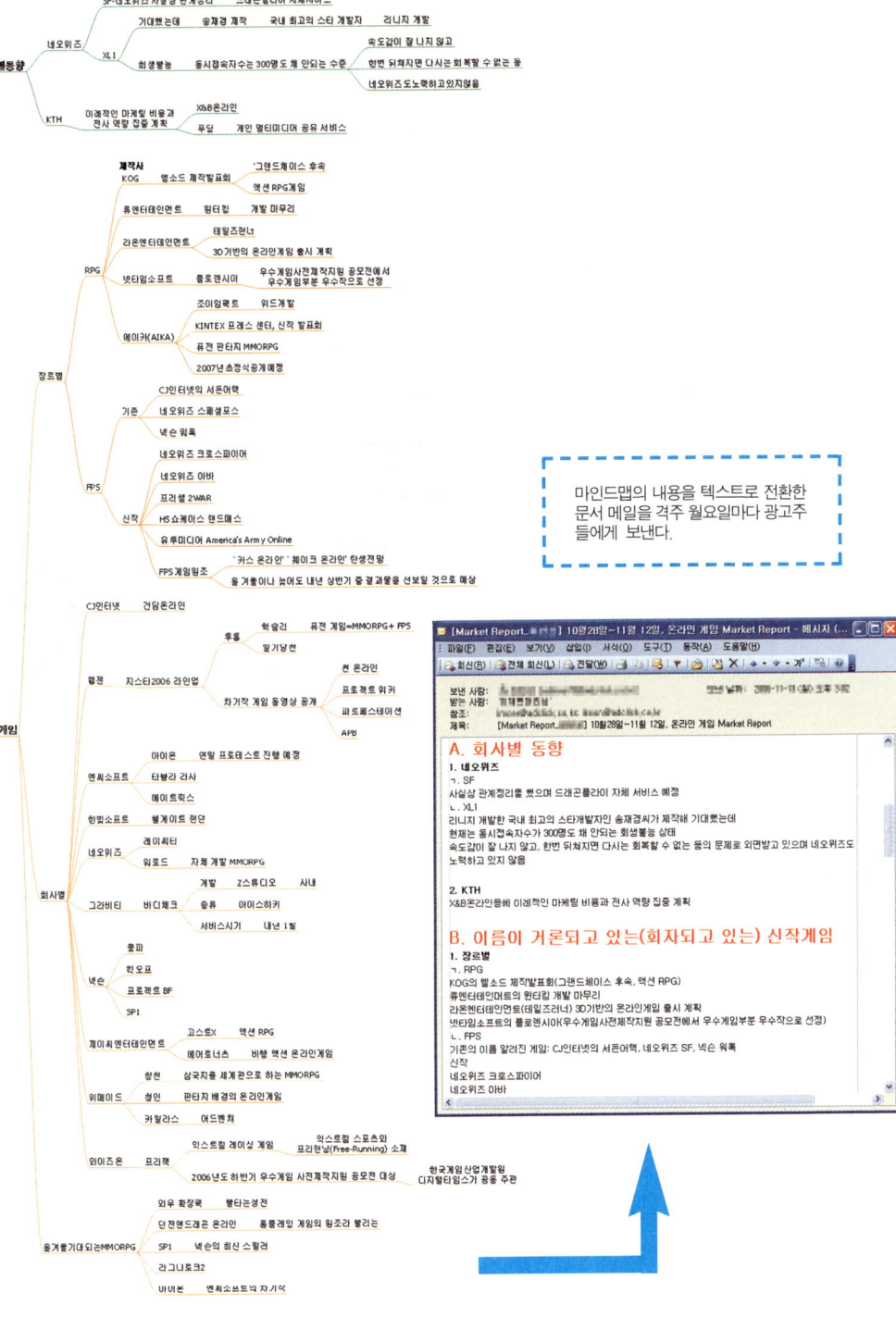

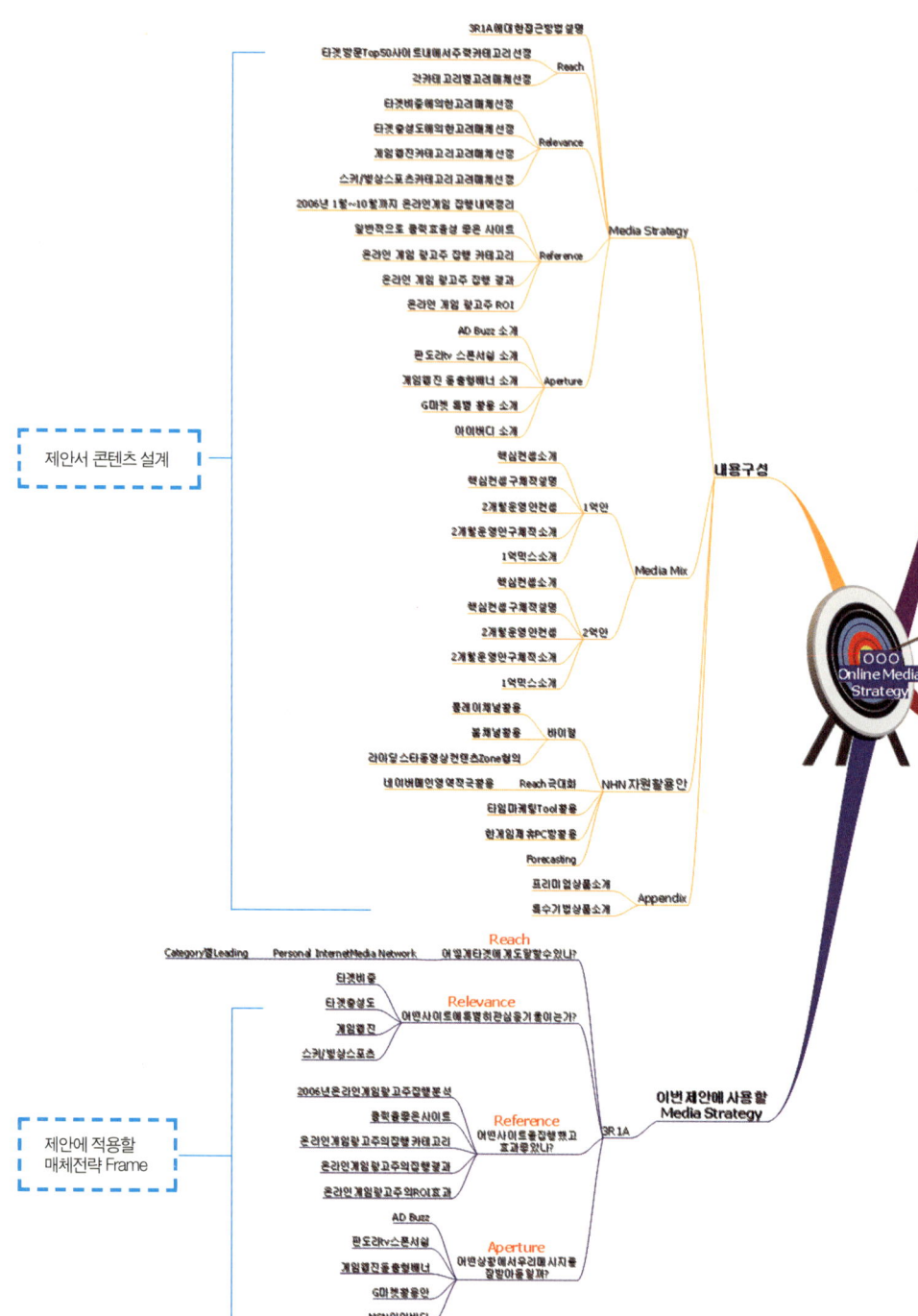

| 사례11 | 매체 제안서 설계용으로 활용한 마인드맵.

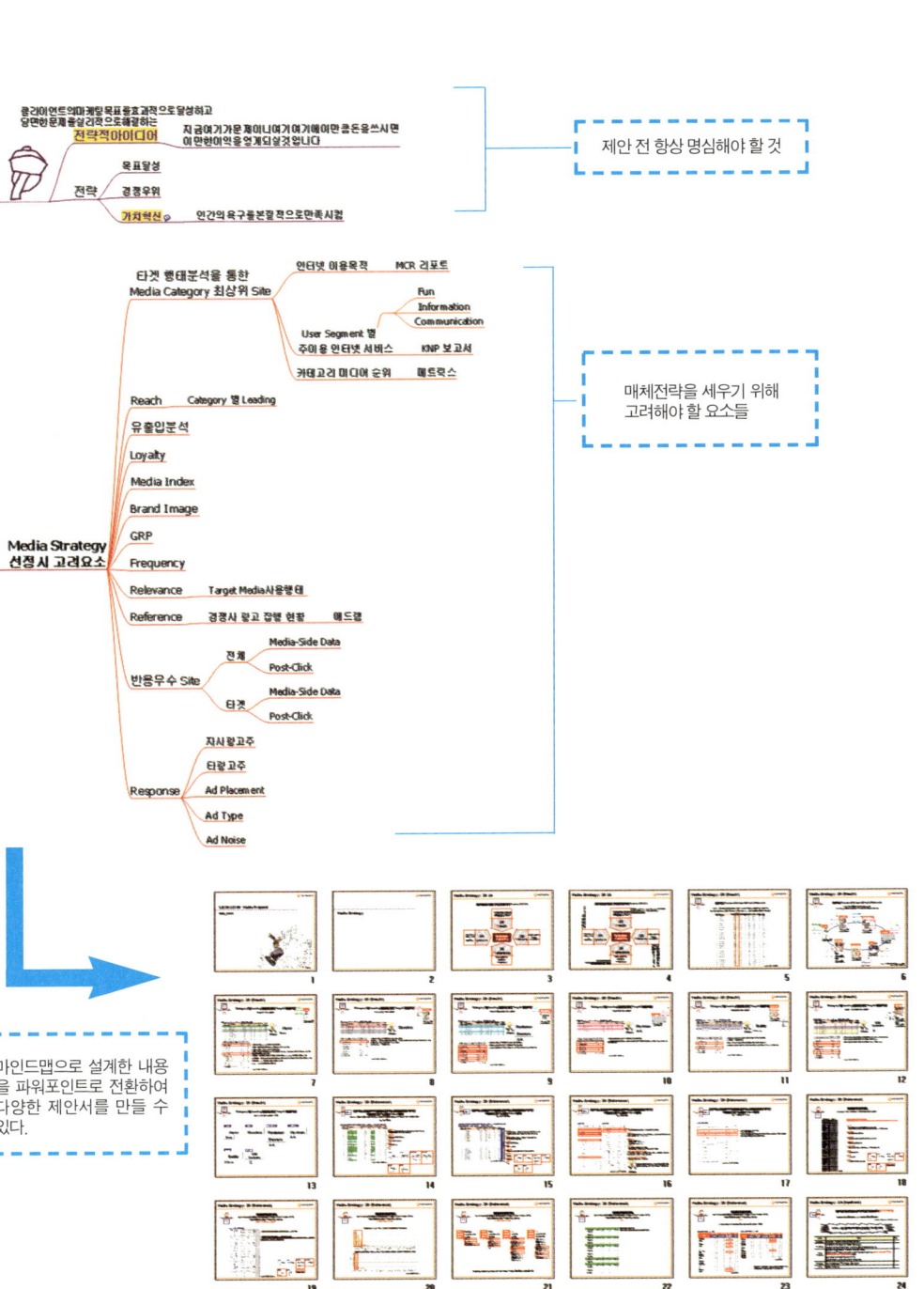